大变局

互联网"+"出新未来

THE INTERNET ADDS TO THE NEW FUTRUE

王涛 李兆瑞 / 著

THE
CHANGING
TIMES

中央编译出版社
Central Compilation & Translation Press

目 录

序 言 /1

前 言 /1

e袋洗：让家庭走向未来 /2

开辟新航路 /3
专业团队与大格局发展 /3
一拍即合的合伙人 /4
家庭服务系统的由来 /7

做掉造假 /10
这样打假更直接 /10
生死存亡的关头 /11
社区服务的灵活变通 /13
独创新办法 /15

用平台成就大家 /17
靠什么存在 /17
充分授权 = 有效授权 / 20

大格局 /23
大数据 大平台 /23
以人为本 面向世界 /25
倒着推 推动社会进步 /26

目 录

好豆网：吃好才是硬道理 /31

"变"出新天地 /33
公务员的新活法 /33
从长沙到北京 /35
融资观念的变化 /36
"新兵"不守旧 /38

吃得饱，更要吃可靠 /40
"好豆"好在哪里 /40
没有安全 就没有美食 /41
打造"从田间到餐桌"的食品安全生态圈 /47

好品位，源自好品"味" /49
"好豆"就要好品"味" /49
大楼高不高 关键看地基牢不牢 /51
比钱更重要的事 /52

"好豆"到底有什么"豆" /54
"好豆"到家 /54
从"豆友"到商友 /55
从"豆友会"到"美食嘉年华" /57
"美玉五德" /58

FitTime：睿健时代好健身 /61

读研、创业与爱好的割舍 /62

海外经历与独特的创业视角 /63

人人网最火的一个相册 /66

"FitTime"的来历 /67

专注于用户需求 降低健身门槛 /69

健身安全与健身效果　/72

　　打造专业健身团队　/73

　　两次成功转型　/74

　　从自筹资金到天使轮融资　/76

　　注重用户运营　/77

　　别出心裁　独具匠心　/79

　　健康生活方式好品牌　/80

车轮网：车文化的新未来　/83

　　吴峰传奇　/84

　　　　创业是件平常事　/85

　　　　传奇性的以茶会友和融资概念　/90

　　　　有所失才能有所得　/92

　　构建车文化未来之路　/93

　　　　产品之路　/93

　　　　从资金和管理中见从容大气　/95

　　　　平台构建新文化　/97

　　网络空间命运共同体　/101

　　　　从"互联互通"走向"互利互助"　/101

　　　　为你新开一扇窗　/102

　　　　社会进步的新未来　/104

大姨吗：和你一起在乎你　/108

　　不要去做自己不懂的事情　/109

　　说好悄悄话　/114

　　贴心服务怎么做　/118

独特的"皮实"经 /119

融资、资本运营和理性经营 /121

从大数据挖掘中找机会 /124

坚持创造社会价值 /127

姑婆那些事儿：助力年轻人 /132

说说"姑婆那些事儿" /133

产品线 /136

互联网大势 /136

当传统企业遇上"互联网+" /138

小城市的互联网创业 /140

初入互联网要面对的那些事儿 /141

  业务能力 /141

  每一个人都需要学会沟通 /144

  先做人后做事 /145

  融入团队和奉献精神 /146

互联网公司的用人法则 /148

"互联网+"策略 /148

给年轻创业者的建议 /149

卷皮：优质平价的线上沃尔玛 /152

为传统企业和创业者助力 /154

  找准切入点 /154

  给传统企业插上腾飞的翅膀 /156

  从草根做起——六个月二手现代

    换宝马 /157

　　　　大学生创业和"卷皮"的故事 /158

打造"中国质造"的时尚平价定位 /160

　　创业初心 /160

　　销售额相当于十几个沃尔玛 /162

　　移动互联我先行 /162

　　商品选择主力消费区间 /163

如何让用户买得放心 /164

　　质量把控至关重要 /164

　　产品、服务与品牌 /165

　　好用不贵 /166

　　线上与线下因势而动 /167

创业不能忽悠投资人的钱 /168

　　团队建立与管理的经验 /168

　　资金的筹措与融资 /169

　　给互联网创业者的建议 /170

佰思源：素食文化新平台 /173

从传统行业走来 /174

为什么做素食平台 /177

独特的素食经历和感受 /178

拯救动物就是拯救自己 /183

素食=环保生活 /185

"文化+购物"的运营模式 /186

走出差异化之路 /190

给创业者的建议 /191

序　言

值此《大变局：互联网"+"出新未来》即将出版之际，该书作者王涛同志约我为此书作序。由于同王涛同志多年相识，确实难以拒绝，特别是看到该书以访谈形式所记述的多个领域的年轻人，在借助"互联网+"的创新征途中，表现出的寻路智慧、探路甘苦及其成功的喜悦，更使我感到有责任、有义务写一点感想，将这本书推荐给更多的读者朋友。

据我所知，互联网走进中国是上世纪的1994年，经过二十多年的发展，互联网已经成了我国经济社会发展的牵引机和推进器。互联网在知识、文化、技术的传播方面消除了遥远的鸿沟，打破了森严壁垒的国界，大大推动了全球经济的一体化，而且极大地提高了人们的工作效率、降低了工作成本，已经和正在改变着经济发展模式、企业管理模式、文化传播模式、教育授课模式，直至办公方式和生活方式等。

如今讲的"互联网+"，涵盖了物联网、云计算、大数据技术的综合运用，进一步促进了人与人的沟通、人与物和物与物的联结与互动，大大提高了各方面工作的方便度、快捷度，具有巨大而深远的应用价值和社会影响，一定会引起人类生产、生活和社会管理的重大变革，确保创新驱动落到实处，实现经济社会发展的"弯道超车"，把经济社会发展推向一个新台阶，进入一个新时期。

由王涛等著的《大变局：互联网"+"出新未来》一书，详尽介绍的一些筑梦者、创业者，都是应用互联网这个新工具、新手段的先行、先试者。他们中有生活在学校的莘莘学子，有工作在各条战线的上班族，也有最普通的打工者和知识农民等。他们因为先知先觉，较早地重视了"互联网+"，从而采摘到大胆追求所结出的累累硕果。这些"互联网+"的创新者，把自己的理想和兴趣、追求和激情、快乐和欢喜、压力与动力、难题与破局尽情地演绎开来、展示出来，从而使他们的人生不再是传统意义上的人生，他们的未来，不再是年龄和拼爹的竞赛。

该书介绍的FitTime睿健时代、车轮互联、e袋洗平台、好豆美食、大姨吗、卷皮、佰思源等互联网企业，使我们看到，企业的创立者利用互联网这个新工具，有效地调动了尽可能多的资源、激发出了尽可能大的潜力、创造了超常规的业绩和超乎想象的企业价值和社会价值。他们和企业，不再是维持和发展，而是创新和创造，他们活出了新的真我、新的价值、新的精彩，开辟出了新天地、新未来！

以上一些"互联网+"的创新，让我们看到了创新天地的广阔、市场的浩大和人的潜能的无限。同时也让我们看到了创新的不易和艰辛。"宝剑锋从磨砺出，梅花香自苦寒来。"梦在前方，路在脚下，自胜者强。正如习近平主席所讲，"选择了吃苦，就选择了收获，选择了奉献，也就选择了高尚"。

为此，我认为王涛他们这本记录并展示创业脉搏的专著，是有着它的重要意义的。对于成功者，可以从书中成功者的作为，照出自己的影子；对于后来者，可以从书中获得更有益的启迪；对于这些创业者们，则可以从中进行很好的反思和总结，以查漏补缺，更上一层楼。

最后，祝愿所有的读者都能更加珍惜如今的创新、创业新时代，紧握"互联网+"这一创新创业新抓手，用好机遇，认真追梦和圆梦，活出价值，活出精彩与辉煌。

谨书此文，以赘其首，是为序。

2016年4月，北京

（作者是著名经济学家、国家教育咨询委员会委员，第九、十届全国政协常委，原国务院参事）

前　言

年轻人是时代的希望。如果说20世纪80、90年代是年轻人燃烧青春、下海创业改变中国的年代，那么，信息社会的当代将是一个激情跌宕的年代，是年轻人用"互联网+"，改变生活、实现梦想、报效祖国的时代！

你看，"互联网+"正在改变世界，各种新的经济效益提升方式、工作方式、制作方式乃至生活方式让人应接不暇：

互联网+购物，使传统制造业的信息、销售管道流畅，出现了不用排队、跑路，只要坐在家中点击鼠标就有人送货到家的新购物方式；

互联网+政府，各种便民、亲民、透明的服务和举措与普通人开始了零距离的接触；

互联网+医疗，使得居家寻医问诊、远程医疗从童话逐步变为现实；

互联网+教育，使得全天候享受各种良师网络授课的梦想成真，压在家长身上诸如"学区房"之类的冰山开始消融，均等化学习、随时学习、终身学习甚至自学习的新时代开始显现；

互联网+媒体，使得采访、报道、浏览阅读等再不用为时间、地点等问题而苦恼，网络接通，鼠标一点，采访、播报、传阅、互动交流和评价等皆可实现；

互联网+健身、互联网+美食、互联网+家政服务、互联网+车……

是年轻的创业者的行动，使"互联网+"国家战略夯实了坚实的基础。

这是曾经风光万千的房地产以及其他传统产业几乎在一夜之间所惊讶的大巨变。

曾经需要资金、设备、人员、经验、关系、人脉的创业，让很多年轻人捉襟见肘，无所适从。互联网的时代，使创业者身处的地域环境、优越的家庭背景、广博的人际关系、丰厚的自有资金，变得不那么重要，"互联网+"拉动了需求，降低了成本，年轻人一部手机、一部电脑就可以开始新的历程。

"回顾所来径，苍苍横翠微。"本书介绍的，就是这样一些有追求、梦想和努力奋进的筑梦者、创业者团队的成长案例，一个个创业者鲜活的事例告诉我们，"互联网+"——

没有资金，一样能行；

没有经验，一样能行；

没有手腕，一样能行；

地域偏僻，一样能赢；

不是富二代，一样能赢；

……一样能赢！

人们不由地惊叹：互联网"+"出了全新的未来！

本书出版前，国务院原参事任玉岭任老在百忙之中深夜写来序言，对任老的关爱与勉励，在此深表谢意。

王涛，于五观堂

2016年4月14日

陆文勇

"e袋洗"联合创始人、CEO。

2010年毕业于沈阳理工大学。曾任职24券、百度等多家公司,具有产品、运营、渠道、市场、销售等经验。目前,"e袋洗"已成为O2O洗衣行业的领军品牌。

互联网+家庭

e袋洗：让家庭走向未来

开辟新航路
专业团队与大格局发展
一拍即合的合伙人
家庭服务系统的由来

做掉造假
独创新办法
社区服务的灵活变通
生死存亡的关头
这样打假更直接

用平台成就大家
靠什么存在
充分授权＝有效授权

大格局
大数据　大平台
以人为本　面向世界
倒着推　推动社会进步

自2013年11月创建至今，"e袋洗"拥有900万用户，用户使用量位居全国榜首。2015年4月25日，单日订单量突破十万单，创造了洗衣行业史上的新纪录。先后获得百度、腾讯、经纬、SIG的投资，2015年8月获得由百度领投，经纬、SIG跟投的一亿美金投资，公司估值十亿美金，完成B轮融资。

开辟新航路

专业团队与大格局发展

记　　者：有的公司只有一个创始人，然后就是管理团队。有的上来就有几个创始人组成创始人团队。"e袋洗"是一个什么样的形式？有一个创始人的团队吗？

陆文勇：指的是什么呢？我跟老张（董事长张荣耀）这个团队？

记　　者：咱们创始人团队是两个人？

陆文勇：我们还有几个合伙人。

记　　者：这些合伙人当时是大家一起做事，还是资金上的投入？

陆文勇：做事情，后期都是逐渐加入的，最早的时候就是我们一起切磋，后来是逐步一个一个开始加入的。

记　　者："e袋洗"有一个从小到大的过程，它被大家所熟知的节点是什么时期，就是量一下子做起来的时候？

陆文勇：2014年下半年，大家都知道我们在做这个事情了。

记　　者：是因为您做到了一个量，还是因为您做了一个什么事件？

陆文勇：我们当时做了很多的事件营销，使得大家都熟知这家企业在做这个事。当然，真正地树立行业地位是在2015年的4月25日。2014年，我觉得我们的PR做得还可以，整个对外的一些宣传和营销活动做得还可以，使得大家都知道互联网洗衣找"e袋洗"，这个概念产生了。

我们当初的知名度高，第一个，是因为腾讯投了我们，一下子大家知道腾讯投了一家洗衣的O2O公司。第二个，是几个月之后SIG顺便就追加了两千万美金投资来，当时从投资界到互联网圈的人们很快因此而知道了我们。当时正好市场本身又没有类似的服务，所以一下子就起来了。

2015年的4月份，主要是因为我们一下子订单突破了十万单，是目前家庭服务行业最高的，当时大家就想，这家公司怎么从一个洗衣O2O变成了未来有可能成为家庭服务第一名的公司？

一拍即合的合伙人

记　　者：关于创建"e袋洗"，您跟张总之间是怎么一下子碰撞出火花来的？是原来各自有各自的想法，还是一个共性的心意？

陆文勇：我觉得是一个共性心意，无论是在价值观和我们想做的事情，还是在互相欣赏和匹配度上，大家都有共识。

记　　者：你们当时是只想做一个互联网公司，还是上来就已经把"e袋洗"这件事一下都想到了，准备以这个形式来介入互联网？

陆文勇：我加入百度本来也是希望在那边沉淀三年左右的时间去学习成长，之后肯定是要自己创业的。2013年年底的时候，我就想出来创业。创业肯定要想清楚干什么？我当时想，第一，一定要选风口上的；第二，这个事业本身是要对社会生活改变比较大的；第三，必须能成为一个比较长久的事业。当时就选择了家庭这个事情。

起初有很多邀请我一块儿去创业的机会，包括当时腾讯也有类似的好项目。但我深思熟虑后，还是决定自己去做家庭服务这个事。机缘巧合得很，正好有一次是"易到"过来跟"荣昌"谈合作，谈什么呢？我想做一个家庭购物平台，而当时只是希望整合"荣昌"作为洗衣的供应商。

见面之后，我发现，原来"荣昌"的老张（董事长张荣耀）也在想能不能做类似家庭服务的事情。我俩从中午一直聊到晚上，聊了七个小时。老张跟我说，这是他第一次刚见面就聊这么长时间的事。整个洽谈过程当中，我和老张业务谈得很少。聊什么呢？六个小时都是聊价值观，就是聊我们的想法，对世界的看法，对生活的看法，对很多事情的一些经历和感受。聊完之后，我们都觉得各方面都很投机，很难遇到这样的一个知己——虽然是忘年交，相差很大年岁。所以，从我的感受来说，这个传统企业的老总还是有战略思维跟思路的，包括胸怀、价值观，我们都很认同。因为我们有共同的价值观、共同的理想，而不是说纯粹的钱、利益、股份，这样的话，大家就能长久合作，而且沟通起来也非常顺利。结果，我被老张整合了，呵呵。

他的决心比较大。首先，他说，我们一起做这个事情，我哪怕把整个荣昌洗衣全关掉，也要都投入进来一起做家庭服务这个事情。所以说，我当时觉得他决心很大。第二个就是，他不但有这个决心，而且让我来做CEO，他去推动我、帮助我，他退到后面去做董事长，这样可能会更好、更有利于公司的运营。因此，我觉得他有很大的胸怀。第三个，让互联网跟传统洗衣融合是一个最好的方式，我觉得家庭服务得从洗衣开始做，这样的话成功的概率会很高。张总从各方面衡量也觉得，虽然我挺年轻，但是我是他很多年没有遇到过的非常匹配的人，因此非常珍惜，当时就竭力地跟我谈大家能不能成为合伙人，一起做这个事情。因为他是相对来说比较偏战略层面的一个人，他比较能看得远，他看五年之后的事情，十年之后的事情。他觉得不转型就等死吧，虽然可能还能再活几年；转型的话，可能有一线生机。他很有决心要做这个事情。其实，张总从2000年起就跟新浪做洗衣，那时候做互联网还比较潮的，一直等了这么多年都没有等到适宜的大环境。他憋了十多年一直在思考这个事，等了这么多年现在终于有机会了，因为正好移动互联网"风口"来了，所以他就豁出去了，说我要不就豁出去干得了。基于这些思考，他有很大的决心，只不过是我们在一起之后，可能决心变得更加强了，觉得是的确能够做出一些事情来的。

而我这个人天生就是为自由而战的，天生得奋斗一把、自由一把，天生得为价值观而战。如果说我没有这一次的决心，可能几年之后我也会挣一些钱，但是我会很后悔，为这辈子没有干出什么更大的事情而后悔终身。我并没有在乎这家企业是不是我一个人创立的这件事情。于是，当时就决定加入这个创业团队开始做。

记　　者：他是看五年、十年之后的事情，我认为您也是。您刚才跟我谈，其实当初您觉得洗衣只是一块，也就是说，您当下在做的事是您创业当时想的事？

陆文勇：是，早就想好了，两年之前就思考过今天要干的事情。

记　　者：只是第一步要怎么走而已？

陆文勇：对，只是第一步。

家庭服务系统的由来

记　　者：除了您当下马上要做的这个之外，还有其他机会吗？比如说搭建家庭服务系统。您的终极目标是搭建家庭服务系统吗？

陆文勇：对，是这样。

记　　者：愿闻其详。

陆文勇：我给大家讲一下我们这个事情的背景。我们目前做的事情是这样，当时我们想做家庭服务平台，我们觉得在服务这个行业要生根，只有做出一定的渗透率和服务品质，才有可能让用户相信你提供的是一个很好的服务，所以我们第一个品类做的是洗衣。但"e袋洗"怎么去定位呢？"e袋洗"的定位是：我们希望能做世界上最大的服装售后服务平台，包括洗衣、洗鞋、洗奢侈品、养护、改衣、缝护等，我们希望能做所有中高端衣服的售后，即全国联网的售后服务连锁这一块。

这个定义当然会分为很多层。我们洗衣做成之后，发现洗衣只是某一个品类。后来我们做了洗鞋，我们的洗鞋现在也是中国最大的洗鞋品牌，超越了最大的连锁店。在奢侈品方面，我觉得2016年我们会成为中国最大的奢侈品养护平台，2016年下半年，我们希望能做成中国最大的奢侈品二手交易平台。现在我们洗衣这个能力，已经做成了一个插件，可以插到每一个酒店。我们现在跟酒店合作，所有的快捷酒店未来都会因这个插件而有一个叫"e袋洗"的服务，"e袋洗"能够帮助大家在出差的时候获得12个小时就能拿到衣服的体验。我相信未来你出差的时候会发现，所有的快捷酒店跟连锁酒店都在用"e袋洗"。而这个现在没有，它很刚需。

未来我们会不会跟一些家庭用品的品牌进行合作，去共同开发一些产品，满足人们家庭需要的高性价比的产品，比如说洗衣液，比如说一些其他家庭用品呢？这个是我们未来一定会调整的路线。这个路线也非常有意思，会极大地改变家庭当中的很多问题。

"e袋洗"这个事情，我相信它未来也有可能会独立成一家公司，因为它的品牌性跟延展性足够使它能成为一个非常有壁垒的服务。任何的巨头，比如说你互联网巨头想干这件事情，但由于我做得非常深了，你想干也要花时间，所以它不是花钱就行的。你看，你要有团队、你要有时间、你要有资源、你要有经验的认知跟积累，而这些东西都很难。所以，我们目前就是要把这个做得足够渗透。而它上面一层，就是满足家庭服务当中的一个刚需的产品，就是洗衣。我们认为，家庭服务当中的刚需产品无非是洗衣、做饭、带孩子、打扫卫生、买菜、购物，比如说低频的还有维修、养老等，总之，大的就是这六种左右。

这样的话，我们延展了通过共享经济的方式去改变家庭生活和社区生活的路子。怎么理解呢？

就是过去的电商，其实它也经过C2C即人与人之间卖东西的过程。我家乡有什么东西，我从山东卖到江苏，或者是从山东卖到北京，于是后来就有了比如说天猫，还有京东这样的B2C专业化服务，其服务做到极致，让你觉得很爽。服务行业也会经历这个过程。所以说，为什么洗衣是众包模式？我们的洗衣一定要是众包的，我们整个前端是邻居之间互相帮助，帮忙去取东西、带东西，后端是我们整合了的这一条产业链，包括2B的一体化服务。

记　者：很专业的？

陆文勇：对，所以上端的一体化的邻居互助，或者进行延展，您就可以帮忙挂号、带东西，帮忙做饭、遛狗，进行维修。国外很多的社区都有维修互助站，就是我不会修，邻居互相帮忙修一下，类似养老互助，到老了之后，其实邻里之间是可以互助的，有教堂等各种方式可以获得帮助。现在我们中国这些都没有。因此，这个市场很大。

我们很早就对此规划了，但是一直要等到"e袋洗"这个事干到一定程度才能开始干"小e管家"，不然的话，整个势能达不到。没有把一个品牌做透，我们是对它不放心的。这样，产生了势能跟用户之后，我再开始延展。2013年年底创业的时候就思考过这个问题，两年前的时候就开始规划这个事情了，已经思考过我们未来要走的路，包括未来要经过很多很多的努力。

这个事情怎么去定义呢？当然，"e袋洗"的第一步是世界最大的服装售后服务平台，而"小e管家"的定义就是说，人们出行靠Uber和"滴滴"，在家里就靠我们。这是我们给自己的定位。在共享经济的领域，出行的共享经济就是Uber跟"滴滴"，它通过共享的模式满足出行服务。而未来，我们在社区里面也会有多种多样的社区互助服务，它可能会满足社区服务60%的需求，即大部分的需求，这种服务就是未来"小e管家"要干的事情。

目前我们是干"小e管家"。至于再往后，我们没有想太多，因为再往后这个想象空间就太大了。你把社区的这些事情干了之后，你卖这些东西都是可能的，包括社区的社交也都具有了可能性。但前提是，把每一条服务线做好。第二个是，让人们之间的服务跟交易、跟沟通产生感情。第三，能够使得资源匹配效率高，然后形成高性价比的互助服务，这是核心。所以，我们现在正在干这个事情。

做掉造假

这样打假更直接

记　　者：这么大量的用户，他们肯定会考虑一个问题，我怎么能够相信你这个平台？送餐现在就出现了好像有的是从一些黑作坊送过来的。洗衣业里面也有一些黑幕，您的这些最后还得落地到很多线下的企业，您怎么保证您的服务的品质？你们也领着大家来打过假？

陆文勇：比如说你举的前一段时间外卖的例子。外卖它只是承担了一个配送职能，对吧？

记　　者：对。

陆文勇：因此，外卖是帮你把几万个餐馆的餐送到几万个家庭当中去。而洗衣服就不一样了。我举个例子，团购的渗透率其实只有百分之零点几，它对于实体的生活服务的渗透率很低，它只是帮忙做促销，其实大部分人还是直接到餐馆吃饭的。而洗衣则不一样，洗衣它不需要到店里，因为这个场景没有任何的社交属性，没有任何体验的属性，所以它适合到家里去。你要知道，目前"e袋洗"做的事情是整合了整个一条产业链，我是深度介入你的经营管理的。具体来说，前端的取送是我们的众包体系完成的，整个的系统是我开发的，每个洗衣店都得用我们的系统，每个取送人员都是用我们的一套管理系统。也就是说，每个洗衣店每天进了多少衣服、洗了多少，有哪些洗坏了要进行赔偿，我们都一清二楚，可以自动化地去解决。包括洗衣店未来的后端供应链——洗衣液——这个事，都是我们统一配制，也就是说，我会统一给你配制洗衣液，你就用我的这个品牌。这样一来，造假的机会就没有了。

生死存亡的关头

记　　者：企业发展过程当中，有没有过生死存亡的那种感觉？缺钱了，过不去？

陆文勇：其实我们还好，还真没有遇到说没有钱就要死的问题。但是每个节奏其实是很紧张的，这个坎儿过去之后就要迈向下一个阶段，下一个阶段可能两三个月之后就很着急了。

记　　者：可以举几个例子吗？

陆文勇：比如说，我们刚刚开始做这件事情的时候，认为这个事情很简单，不就建一个快递队伍，到洗衣店去送衣服就行了吗？后来发现远不是这回事。我们6月份做全职快递的时候，当时招了很多人做全职快递，很痛苦。第一，管理成本极高；第二，整个效能提升不上去；第三，整个供需的匹配性很难去调节。具体来说，订单多了得招人，招人多了订单少了人又得闲置，工作的衔接、匹配问题很难有效协调，因此，整个效率提升不上去，几乎快成了一个解不开的死结。

爆单，爆单之后订单送不出去，而且物流团队还有一支队伍离职了，一离职都是十几个人离职，一下子一个队伍就没了。

那一段时间，真的要崩溃了。

我们当时感觉，这种快递模式可能不适合我们。第一，我们永远不可能跟京东去比物流队伍。第二，我觉得这种服务体验很差，招揽很多的物流人才，他们本身的服务质量并不是很高。以前我们面对那种情况的时候服务很差，大家觉得把这个东西送给你了，再见。包括最近大家都收快递，收"双11"的快递可能感受也一样。

当然，我们现有的物流服务质量已经比很多快递公司要高很多了。我现在听敲门的声音就知道，哪些是快递，哪些是

"小e管家"。快递都很着急,"咚咚咚","谁呀?""快递。""拿走。"我们"小e管家"是"咚、咚、咚",我就知道是他们,我说:"稍等啊,我拿一下衣服。"他说:"好,那我在门口等您。"是这种体验。

  但是,当时面对这个的时候,我们是很着急的。当时觉得,商业模式、运作方面很难去平衡,因为我们是需要三个平衡的,而这很难做到。用户端订单、物流取送的承载能力、加工商的生产能力这三个一定要在一个维度上面去平衡。一旦有一个特别高,那么其他的就疯了。比如说,我们有一段时间订单特别高,配送赶不上,天天被骂,我说你们老迟到、老改时间,加工不出来,延迟了,用户说我三天之后要出差的,衣服又回不来。比如说,有一段时间又会出现加工产能跟运量都很高,订单上不去。这个比打车还难,打车只是两端平衡,司机、乘客匹配。而我这三个都得匹配,这个就很难了。三个节点同时运营的难度很大。

  2014年年中的时候,我们压力很大,天天在调控,不少环节又不受控制。怎么去调控?当时,我们希望订单上拉升,但一拉升整个供应链就出问题,这可是一边生产一边送啊!可不是像电商囤货,我仓库跟物流是一体化的,我囤了一万的货要卖出去,卖出去库存就是零了。而我没有库存概念,我库存永远要有,因为用户的需求你不能不满足。所以这个节点我们当时觉得很痛苦、很郁闷,那时候投资还没来,还没到。当时我们刚好是一边谈着投资,一边打这个仗,打得很焦虑。

  后来我们发现,纯物流干不了这个事情,很多物流是干不了企业的,它没有服务性质。

记 者: 因为你们是从传统行业走出来的,所以你们还是有很多经验的,如果你们做起来都这么难,那么别人做起来就更难了。

陆文勇：对，我觉得干了这么多年了还这么难，那这个事情得多难啊。当时我们还在做小区试点，那个小区试点是我亲自带，所有的团队到那个小区里去战斗，打出来一个模板，我们到五千户小区卖一千多张会员卡，基本上一周之内的升货率高达24%。这个事情固定之后，投资才到的位，我的心里也才乐了起来，因为这个模式走通了。如果这个走不通，说实话，2014年年中我们就挂了。

社区服务的灵活变通

记　　者：十年前，就是您说的这种像社区里边的人来帮着您收单已经开始出现了。第一，充分地利用闲置的人力资源，第二，解决了住房的成本，这是最大的两块成本。

陆文勇：对。是这样。

记　　者：在十年前，国家是有大量资金往里边投的，它要解决下岗工人的问题，所以有很多的人都在做这个事，我们也采访了一些。现在再回头，发现我采访的那些企业都没有成功，它有很多的问题，当初它确实就是奔着拿国家的钱来做这个事，所以它就没想着将来做多大，它只是说了有多大。您在做这个事的时候，如果要是从纯做企业的角度来讲，我不知道有一个问题您怎么解决的？这个人前期不见得有那么多工作要做，比如说我现在是在家待着呢，不管我是退休了还是如何，我没有那么多事做，我明天想串门，后天我想出去玩，如果要是一个月有一个我认为不错的收入，那我就不能走，因为这是我的一个营生了。如果要是钱非常少，对不起，我先安排自己的事，业余时间来干你安排我的，那就不能保证工作的品质。您是怎么解决这个问题的？

陆文勇：我们是这样。第一个，市场上的劳动力存量本身就特别大，不是一般的大，你看晚上七点到十点跳广场舞的就知道了。这说明，供给本身不是问题。很多人本来在退休之前觉得挺乐呵的，觉得好开心啊，退休之后可以遛遛弯、聊聊天。后来发现，退休之后因为没有集体，自然就没有了同事，当然也没有了交流。本来是想着回家带孩子，子女还不陪自己，因为没法在一起生活，会跟儿媳妇吵架。这时候就出现一个情况，刚退休之后这五年很痛苦，不知道干什么。于是，要么就跳广场舞，要么就看别人跳。很痛苦地看着别人跳十年广场舞，这个事情你说烦不烦？所以很多人愿意找一个工作去做。但是这个工作分为两种，你不能要求所有的人都跟你一致，就像你刚刚指的，让他全天都干，有些人就不乐意了，我退休之后就是为了要去玩的呀。

所以，我们现在是这样，有两类：一类是，我整天就干这个事，我觉得挺好的，身体倍儿棒，上下楼跑得贼溜；第二类，我就周末帮忙，每周工作那么两三天，兼职干。

记　者：麦当劳的模式，全职的和兼职的。

陆文勇：对，所以我们目前这两种模式都有，这样大家都匹配了，想挣钱的你就都干，想满足自己锻炼身体需求的，那你每个月就干几天，挣个两千块钱就行了。

记　者：现在您也是刚刚开始来做这个管家模式，这个平台现在有多少全职或者兼职的人？

陆文勇：平均是十万。

记　者：是全国还是北京？

陆文勇：全国。2016年，我们会到几十万，增速会很快。

记　者：现在这十万人员服务多大的一个人群？几十万服务多大的一个人群？

陆文勇：现在服务900万人群。2016年我们预计能服务几千万人。

独创新办法

记　者：比如说，有的品牌药店的加盟店，中成药也是统一配送，但是很多加盟店老板只从品牌药店这儿配一部分，大部分自己去批发市场进货，因为那里便宜他能节约成本，这是一个问题。还有，比如说洗衣店该干洗他没干洗，他用了别的方法，这些造假的问题，您怎么来控制？

陆文勇：其实这个事是这样子，我们觉得越小的个体其实越有信任度，为什么呢？你看公司跟个体去比信誉的话，你的信誉是跟你一辈子走的，而你的公司是可以选择破产的，最后可以选择不干了。你说我公司造假，我可以关掉嘛，我就不干了嘛，但个人是不可以的，你怎么关？你把自己关了？所以说，我们更相信个体的信誉力，所以我们会对个体的，包括人、包括店进行相应的规范和排名。这样的话，如果谁触犯了我们当中的条例的话，后果是很严重的，因为这个记录是跟着他一辈子的。就像你信用违纪，信用卡中心以后是不会给你发卡的。

　　这样的话，你刚刚说到的比如说他不采购我们的洗衣液，或者是干洗的水洗了，一旦他出问题，我就直接扣分，扣完分，他的整个的洗衣量就会下降，就生存不下去了，再不改的话就会关掉，而赔偿款都在我们的手上，也就是现金流在我手上，我是能够赔偿给用户而不经过他的同意，这样，用户的利益就得到了保障。

　　第二个，你如果触犯小的利益（因为本身这个是小利益），而小的利益触犯了你真正的增长空间的话，那样严重的后果是谁都可以明白、懂得的，就像国外信用出问题一样。这样子，他就会计算、衡量，是否该为这个小利益失去大未来。

记　者：代价太高了？

陆文勇：代价太高。所有人都不愿意贷款给他这个人，这样的话，他在我们这个社区里面怎么混？我们未来要建一个社区体系的，都知道谁谁谁干什么的，信用体系怎么样，他的信用评值是多少。所以我觉得，虽然这个事情肯定会发生，但它不是大概率发生的事件，是一个小概率，而小概率是可以通过运营排名的方法解决的。

记　者：我能从另一个角度来理解吗？如果每一天把一个人的衣服洗坏了的话，洗衣店可以选择每天吵一架解决。如果一千天每天把一个人的衣服洗坏了的话，你们把数据一整合，一千这个数据面对一个洗衣店，吵架肯定解决不了问题，就面临着要关门甚至于出局的问题了。因此，您现在用一个大数据建立了一个信用平台。我能这么理解吗？

陆文勇：是这样的。

记　者：您能把这一千个人整合，一个人他无法做到。

陆文勇：对，他一个人怎么投诉你？他投诉只能跟你吵吵架，但是对不起，这一千个用户都在我的平台上，我就把他们集合起来，据此我可以评价他：这个人不靠谱。评价不靠谱就不给他订单，而且我会把他踢出平台，告诉他永久上不了平台。这个代价是很严重的。只要有几例这样的事情发生，你想想店主他怎么敢造假？

记　者：只有大数据能够解决这个问题。

陆文勇：只有大数据。在比较合理的机制、环境之下，相当于你有法律又有人文关怀这两个角度的时候，社会就变得越来越和谐了，你就不敢轻易犯法，而且同时有人拿道德约束你。道德约束就是，你这个邻居不靠谱，街坊四邻都会说你这个人太误事了。

记　者：企业的社会属性让您充分地发挥出来了。

陆文勇：对。

用平台成就大家

靠什么存在

记　者：现在，您整个的企业文化是个什么样的情况？看到您企业里面的标志之后，我们觉得，您就是"公鸡中的战斗机"。

陆文勇：这个是他们自己画的。

记　者：跟您这个CEO有很大的联系，很多的企业其实公司文化跟它领军人物的文化是一致的。

陆文勇：当然，会渗透很大的。

记　者：现在企业文化是一个什么样的情况？

陆文勇：我们企业文化是这样，相对来说，我们可能是跟大部分的互联网公司都不一样。大部分的互联网公司讲求去点评，有非常开放的文化，但是真正做到的并不多，大家还是把公司看作自己的帝国。我经营一个帝国，这个帝国里面有很多人，我们就开疆拓土做很多事情。

我们做公司的理念是，我们会追溯企业存在的根源是什么？到底为什么存在？当初的初心到底是什么？

企业存在的原因就是推动社会进步，让社会更好。当我们去推导说企业存在的原因的时候，我们就默认了企业不应该是一个人，不应该是自己，应该是一个平台去成就大家，并且成就社会。

基于此，我们公司讲究的企业文化是自由、民主、开放的一个企业文化，就是让大家有自由说话的权利、自由做事情的权利、自由决策的权利，有非常开放透明的政策和沟通机制，有非常民主的投票权。

这个事情其实在很多国家是比较正常的，但在中国是比较缺乏的。大家从小生长的环境就是那种你要听话，要听组织调遣，然后要怎么样。很少有人有那种非常开放的思维，这个是很少有的。但是刚好我跟老张都非常信奉这个思想，就是每个人不要让自己变得特别专制跟权力化。你牛了，人家可以敬佩你，这个是没有问题的，但不能说你牛了就可以为所欲为，那样事情就不对了。因为你本身牛的原因是你对社会做出了贡献，所以你要持续地对社会做出贡献。所以，我们讲究的文化是充分信任跟授权。

第二，我们的价值观，不希望有太多纯利益化和个人化的一些利益。比如说很多公司都会告诉你，加入我们分多少股票，我们去打仗、我们去挣钱，成为亿万富翁我们就无敌了。很多公司的理念的确是这样的，你看中国大部分的公司、私企都是这么干的。

但我们的理念是，我们首先认可的生活的本质是什么？作为你个体来说，参与这个事业到底为什么，而且你的生活到底是为了什么？所以我们追寻本质的话，人生的最终目标到底是什么？我们会思考这个问题，这个问题思考明白了，咱们再加入干这个事情。思考清楚人生生命的真正意义是什么，思考清楚世界存在的意义到底是什么，本质是什么。

为什么我会看很多哲学的书，看很多宗教的东西？研究宗教，我就发现，你不研究你的人生最终根底的时候，你的目标总会动摇，你人生整个过程当中会被无数的社会上的规则、法律和来自他人的影响改变。但是我觉得生命的意义是一个非常简单的事情，简单却又终极的。因为百年之后你什么都带不走，你目前天天争得面红耳赤，打得牙都掉了，其实到百年之后你都觉得不值，何必呢？在整个过程当中，你做的最好的事情，当然第一是把自己的人生过得精彩。第二，如果有基础的情况下，你让自己身边的朋友和家人也同样有能力过得更好，而不受太多物质的驱动。因为物质会使人心变，很多人越有钱越小气，越有钱越觉得自己很牛。其实，物质会牵引你的灵魂走，所以我们不希望物质牵引灵魂，而是用灵魂去牵引其他所有的东西。第三，你有这样的能力之后，人生最终极的目标是什么？你一定会满足自己的物质需求、精神需求、情感需求。终极目标就是对这个社会跟世界产生很大的推动作用，使得更多的人和个体获益，使得他们的心灵能得到释放、生活得更好，这个就能产生很强的成就感，使得你这一辈子没有白过，这个是我所思考的事情。

思考完这个事情之后，再倒推去看我们现在开一家公司干什么，你心里就很坦然了，坦然的原因是，当你面对很多变化的时候你不会浮躁，你不会害怕。

我们长期的目标是不变的，长期的目标就是要改变生活、改变世界。所以基于这个目标，越高层的人对这个要求越高，他们认可这个事情，认可这个事情之后就不会认为说我要盘算一下我的那个事情，我再决定干不干，我有很多小算盘，然后我生活的意义就是挣钱、挣钱、挣钱。钱只是工具，我们非常享受价值观的相同性。

我们该有一个在长期生命维度上的一个理想的事情，这个事情是我们生命当中的其中一段，这一段我们希望能够跟一群非常有理想情怀的人在一起度过。所以我们要在乎的事情不是最终的结果，当然结果也重要，比如说我们一个一个结果是需要正向激励的，正向激励让我们这一群人生活得更好，你才能让别人过得更好。我从来不相信逼得自己很惨，狠吃馒头，你就能给别人更好的生活？你自己都不知道什么叫好的生活，你怎么告诉别人？

同理推到慈善。我从来不赞成无偿的慈善，一定要有目的性的慈善，这个有什么不好意思讲呢？你做慈善，你这样做就是想体现公司，那就体现嘛。最怕的就是你既做慈善了，又不能有正向的激励，导致人家慈善一半就停止了，不继续贡献了，我为什么要继续贡献？所以，所有的事情一定要正向地循环起来，这种理念在我们公司当中是非常深刻地灌输到价值观里面的。

充分授权 = 有效授权

记　者：你们的价值观是什么？

陆文勇：我们的价值观就是充分地授权。我们是搭一个平台，公司是一个运作机制，在这个机制下面，所有的人应该释放自己生命的精彩。大家应该能看到自己生命的终点，以及这个事业的未来，在这两个前提之下去释放自己的精彩。我要成长，我要成长成更有智慧的人，我要去绽放，我要有选择的权力，我需要有创造的权力，我希望给这个团体带来更大的帮助，我希望在这个团体里面有更多的空间……这样的话，我们就充分使得这个团体能够正向地生长。我对你的职位没有任何的定位，你如果愿意学习、愿意成长，在这个组织里面你一定能找到更好的位置、更适合的位置。所以我们不设任何的限制，包括合伙人，包括我们坚持了一年半的时间都不给任何负责人title。就不给你title，除非对外的商务合作可能会给你一个title，对内不给你任何title。原因是什么？你不要在乎你的职位，你要在乎你做的事情对不对，以及你有没有权力做，你有权力做你就不需要title，能拍板，你管他叫CEO还是总经理？所以，我们在内部是讲究这种企业文化的。

　　我们内部的一个管理机制是，人生目标相同，事业目标也相同，在这个前提下大家自由发挥。同时，我们会充分授权，授权到什么程度呢？中国式的管理特别喜欢从上至下的管理，就是我要求怎么干，你一层一层发任务，发到大区，大区发到城市。我们讲究的是只要在我们的目标一致的前提之下，大家应该自主去进行管理。包括我们分公司的费用，五万块钱以下的费用我是不批的，不会经过我的OA，不会经过我这儿，所以我每天都看不到这些申请。但是这个东西投资人会不会有意见？你怎么都不关心财务啊？不是这样的。我发现一个道理，当你抓得越紧、想管得越紧的时候，你就会发现你自己在规划跟承担责任，而你自己一个人的智慧是不够的，恰恰最有智慧的是在一线。为什么我们整个社会，包括国家的管理为什么有时候会很低效？一线的人最懂怎么干，可是你不放手。其实，他知道怎么干，领导不用跟他说什么，你只要能激发他干就行了。恰恰很多人拍脑袋做的决定，下面人会骂他，这个领导是不是吃屎了？怎么能想出这样的东西呢？虽然我相信越高层的人越聪明，但聪明不代表你适合，聪明跟适合是两码事：你聪明是很聪明，但是你不一定适合在这个岗位上做判断。所以，我有一段时间，签字签到自己麻木了。各地的费用都像雪片一样飞过来，我每天都签非常多的字，签完之后发现，费用是怎么产生的，我都不知道，因为那些不是我决定的，也不是我花的，但我还得承担责任。那么，为什么我要承担责任呢？这样，你签不签，说实话，真的有什么用吗？真的没有用的！90%的费用其实你是不会拒绝的，你怎么拒绝？除非一个一个去研究这个费用到底怎么回事，去抠。

记　　者：你抠，他会给你编得很漂亮。

陆文勇：对呀，他会跟你编，这个事情就是这个样子的。所以我们要花更多的钱，没有用的，特别是一个高速发展的公司，你不可能一笔一笔去抠，当然红线是有，你触碰你就要受到惩罚。但是你要知道一张一张签字之后，就意味着你给所有的下属签了一个保证单，就是老大说了可以，老大说的。老大说了之后，出了事真的没人担责任，他说CEO批了，我提醒过，我上边的邮件还写着一个建议，我说你可以选，也可以不选，然后我有一堆的风险提示，你还是签字了。

  我现在的做法就是谁负责谁就签，你不是拍板决定的吗？你就签字嘛，你享受权力，同样的，你得承担后果。这个事情做出来的后果，我们再去理一遍整个事情的时候，我们就盘点你的业绩，你做决定你承担后果。不然的话，你做了决定又不承担后果，这个事情肯定不行。恰恰这样会使每一个个体认为，在他所负责的事情上面他就是CEO，这个才是释放人性力量的最大的成果。你能不能让他在自己的岗位上觉得我做这个事特带劲儿，我做这个事我在成长、在规划，而且我做很多的决定，当然是对公司有益、对合作伙伴也是有帮助的，他就有动力去把这个运营好，他就善于拍板。

记　　者：那就等于你培养了一批能够独当一面的人？

陆文勇：我们希望让每个人都能独当一面，让每个人在他的范围领域，在能够驾驭的能力上，能够把这个事情做得更好，去思考更多，而不应该让我们去思考。中国的很多公司未来会出现很大的风险，老大的能力太强了，强到他所有的决定都是正确的，所有人都得执行，但这个肯定是错误的。团体的智慧一定会超过你。

记　　者：历史和现实中不乏这样的人、这样的事。

陆文勇：你聪明且有可以带动公司一段时期发展的能力，当到了一段你不适应、不是自己所擅长的时候，不是说你的能力不强，而是你不能够完全做出正确的决定，这时候你要做一个支持者，支持同事去做。只要方向对大家有利、对老百姓是有利的，整体的团队各方面没有问题就可以了。所以我们团队文化是这样的一个文化，充分授权，让每个人去奋斗，让每个人去成长，OA里面不会出现每天有几百个需要审批的东西。你如果像我每天要审批几百个东西，你有时间看吗？每个看一分钟，300份需要多长时间？

记　　者：大概是五个小时。

陆文勇：你还干什么呀？天天就审批得了。审批真的那么重要吗？不重要！只要你反过来有机制去反查不就行了？反过来有机制反查，一旦有严重的后果的话，后面的人就知道了，这个不能触碰。大家就知道我手上的权力要怎么用，就像当官一样，不能光有权力没有人约束你，得有人约束你，所以才有纪委，监督测评体系才显得重要。

大格局

大数据　大平台

记　　者：因为将来您不只是做洗衣这个行业，它会涉足到那么多的行业。近期您的大平台要做几个板块？

陆文勇：共享厨房，做厨房共享。

记　　者：还有哪几个？

陆文勇：其他的我们会考虑投资。

记　　者：我看到您搞了一个培养创业者的这么一个活动。

陆文勇：创业导师那个吧？

记　　者：就那个"小蛮腰"。

陆文勇：那不是，那是我们内部的一个激励体系，各个洗衣店的激励体系。但是我们目前的生态是这样的，我们是成立没多长时间就开始做自己的孵化和基金。我们前一段刚刚建立了一个自己的基金，叫Share VC共享基金，国内第一支共享基金。成立这个基金也是为了加快共享经济在中国的发展速度。发展需要有资金支持，早期靠团队去拓展这一块业务，未来我们会通过这个基金投资很多共享经济平台。

我们希望的是什么呢？为什么我刚刚说公司的行为在未来都会发生转变？公司的性质以前是一成不变的，以后我希望公司能变成一个生命体，这个生命体未来会投资很多公司，未来大家在一起形成一个很牛的公司，这个公司使得一群很牛的人在一块儿，互相之间彼此欣赏、彼此鼓励，甚至彼此挑刺都可以。每个人都认可自己和别人的价值，所以我们互相之间能够协作，我们希望我们做好自己擅长的两三个部分，其他的部分都通过我们的兄弟公司来实现，最后我们变成一个"小e管家"这样一个平台。可能我们兄弟公司的各个CEO、各个高管都很厉害，没关系，大家坐在一起，去探讨未来的事情，一起去发展。所以我们未来的公司越来越变成像英雄联盟这样的一个模式，不希望自己能量很大，我们希望一群非常牛的人在一块儿，变成一个很好的体系。

记　者：会不会把您的竞争对手培养出来？

陆文勇：我觉得这还好，我们对战略的判断还是相对比较成熟的，即使培养了也好，培养的都是我们的投资公司，培养出来之后如果在某个领域有建树，我们也非常高兴，大家之间可以合作，因为每个企业都会有自己的边界，不可能什么都做。

记　者：您的边界？

陆文勇：目前我们给自己的边界是做社区这一类的事，社区五百米范围之内的事是我们应该去做的，共享经济是我们应该去做的主流，专业服务是我们要投资的一个板块。

记　者：可能有很多人都会有这种想法，社区的服务涵盖面就够广了，您是全方位的全都涉猎了？

陆文勇：目前来说，我们主要围绕家庭、家里的事，先把家里的事搞定了，家里事之外的才是社区的事，那是更广泛的一个细分空间了。所以，我们会把家里的事先干好。

以人为本　面向世界

记　　者：有的企业因为个性的原因，也做了很多事，但它羞于谈钱，我们也在跟他们说，如果这个社会正能量的人都在挣钱，这个社会肯定是非常好的。

陆文勇：中国人太含蓄了，太注重于说我既要立牌坊又要怎么。很自然地推动才是最好的一个结果。有动力去推动这个事情发展，反而会持久。有一搭没一搭的，这个事情就发展不下去了，比如说有很多公益组织，干到一半就不行了。得有组织、有运营，公益组织里面的工作人员得拿工资，如果大家都搞得很苦，你说谁有这个心情去帮助别人呢？

记　　者：现在您的员工大概是多少？

陆文勇：一千多，不到一千五。

记　　者：预计2016年办公到798（北京一个艺术型人才汇聚之地）那边是多少人？

陆文勇：差不多，不会增长太大，也就增长个一百人之内吧。

记　　者：近期您觉得在人员上会有扩张吗？

陆文勇：人员上我们不会有很大扩张，我们目前还在增加产品跟技术人才，其他模块我们不会增加特别多，除非关键性的一些岗位会增加。未来几个月会陆续到位很多真正有才华、有梦想的牛人，至少在中国都是TOP 10的人，在TOP 10的公司担任最高长官的。

记　　者：您会给他们什么样的事情让他们做呢？

陆文勇：各个板块的老大。

记　　者：刚才您说的那几个板块并不是很多，因为您的管家就有N多个版块，我能这么理解吗？

陆文勇：对呀，管家有N多个板块。

记　　者：主要是充实到管家的那个体系当中吗？

陆文勇：不是，我们各个职能线其实也需要，你财务要不要放个老大呢？各个其他的板块也需要好的老大去做。因为你要做世界级的企业，要找到一群价值观特别通透的人，同时又有能力，这个挺难。所以我们就花了很大的心思去吸引这样的人才加入，2015年我们也没有想到我们能吸引这么多优秀的人才进来。

记　　者：我突然有这样一种感觉，您现在已经着手去搭建世界级企业的框架了？

陆文勇：对，是这样。一直在做这个事。

记　　者：下一步就是向世界级企业推进了？

陆文勇：推进！我们的思路是没钱找钱，没人找人，没条件找条件，反正是想做这个事。昨天我们去参加滴滴共享经济那个会，腾讯的人也问我，说你们怎么做的这个事情？为什么洗衣行业就剩你们一家了，其他家都不行？我说我们搭建团队的时候是按照比内陆更高一个层次的梯队搭建的。比如说我做"e袋洗"的时候已经是什么标准，按一个到家平台所需要的去打造的。我现在做到家的时候，我已经在寻找做谷歌级别的人去做这个事情，所以我们永远会用更高维的人才去做更低的事情。

记　　者：培养这个团队其实还有一个磨合和锻炼的过程，提前做，前置？

陆文勇：就是我们未来要实现的梦想现在就开始储备，你不能储备钱，但是你可以储备人。

倒着推　推动社会进步

记　　者：您刚才谈到了这种理念的相同，人生理念跟事业理念的共性的问题。

陆文勇：我们是中国正能量，我们是想推动社会进步、发展的，因为我们讨厌黑暗、讨厌束缚的东西，讨厌阻挡社会进步的机制，所以我们一直在提倡开放，政府要有好的心态去接受更多的创业者、更多的投资者。然后我们提倡的是推动社会的进步，这才是我们要去做的事情，比如说，我们现在做的共享经济。商业的本质是推动社会更好地发展，它是一个比较良性的循环去推动社会发展，而不是一个政策性的。大家把锅烧了变成铁，这个事情是逆市场的，所以我们只能建议大家去生产更好的锅，然后有人去炼铁，这才是互利的。我们一直在讲究共享经济的本质是打破垄断，就是你不能老垄断，因为每个人的付出一定要有正向回报，越来越合理，越来越公平，要促进社会的公平公正，而不能变成某个小的团体的利益。注重小的团体的利益，你看历朝历代哪一个时代不是爆发革命？都是爆发革命的，最后那一批人被杀掉，又冒出一批人说我要当皇帝，又给杀掉，对吧？都是这个样子。

  所以，我觉得公平公正是使得每个人能受到同样的尊重，享受同样的尊严，能够平视。大家是什么样的职位不重要，可以去平视，可以去讨论事情。共享经济就是一个能够让邻里关系更好、互相提供帮助、产生更高社会协同效应，能够使资源避免浪费的经济模式。中国本身资源就少人又多，你还不共享，你还私有化？私有化就促进了人类的自私，很多东西可以共用的现在都变成私有了。所以现在都是盘点我的资产有多少，我的电脑是多少，我的车有多少，你家房子有多少。见面之后七大姑八大婆在讨论，你们家买了多少房？真的需要那么多房吗？物质会推倒人类心灵，心灵更需要的是快乐，而不是物质。

记　　者：像这些理念，你是从儒家思想当中得来的更多一些，还是西方哲学、佛教思想？

陆文勇：其实这个事情比较多了。我小学一年级的时候就坐在窗户边思考，思考世界为什么是这个样子的？我为什么坐在这儿？当时就很纳闷，我为什么坐在这儿上学？我很好奇，然后就思考，后来没主意，因为知识储备太低了，想不出来。到大一的时候又开始思考，当然是我一边实践，一边去做事情，一边去思考，一边去追溯我生命结束的时候是什么样子？就去读这些书，从西方哲学到中国的哲学到佛教，去研究。

　　终点到底是什么？这个终点之前，世界存在是有意义的，我们这一群人活蹦乱跳地在这儿聊天，说明是有一定意义的，不然的话，世界干脆就没了，大家也没有好的想法、也没有痛苦的想法，都没有，不会这样的，一定是需要一个阴阳结合，需要一个调配。所以当时我是看了很多，一边看这个东西一边去思考，思考我到底为什么？但是我不知道为什么我那么早就去思考这个事情，看到很多同学一直落在很物质的层面，很低位的层面。他们就想我今儿怎么样占你便宜了，明儿我要升官之类的，我当时的想法中，这些东西不是最重要的，因为我想到了最后的事情。

记　者：倒着推。

陆文勇：倒着推我生命的意义到底是什么？你得过得精彩。你让世界更精彩，首先得让自己精彩，你首先让这几十亿人之一的人搞定了。所以我要先把自己搞定了，首先我要做一个事情，做出贡献的时候获得财富，让自己不管从精神到物质各方面都更好，同时再去逐渐地一步一步影响人。做企业其实是影响社会的。我是看了很多东西，包括自己一边做一边实践，最后想出来的，琢磨出来的。

　　思考不清楚人生，我就吃不下饭，就干不好事。我不知道我现在为什么干这个事情，怎么能把事情干好呢？很多人一辈子从来没有思考过这些，一直在从小升学，升完学考试，考完试找工作、升职，然后买房子，买完房子生孩子，孩子又长大了，又得催着孩子结婚。整个过程一直被社会的力量推着走。我在想，我为什么要被社会的力量推着走呢？我能不能自己想清楚最后是什么？我想清楚之后，整个过程就比较自然也比较坦然了。

杨荣波

好豆网创始人及CEO。

辞职后下海,之后,涉足多种职业,直至2010年1月,推出好豆网并任CEO。先后荣获湖南首届"湖南省优秀青年民营企业家""两型社会建设推动力人物""湖湘饮食文化贡献奖""湖南省关爱员工优秀民营企业家""社会捐资突出贡献者"等诸多荣誉。

互联网＋美食

好豆网：吃好才是硬道理

「变」出新天地
　　公务员的新活法
　　从长沙到北京
　　融资观念的变化
　　「新兵」不守旧

吃得饱，更要吃可靠
　　「好豆」好在哪里
　　没有安全，就没有美食
　　打造「从田间到餐桌」的食品安全生态圈

好品位，源自好品「味」
　　「好豆」就要好品「味」
　　大楼高不高　关键看地基牢不牢
　　比钱更重要的事

「好豆」到底有什么「豆」
　　「好豆」到家
　　从「豆友」到商友
　　从「豆友会」到「美食嘉年华」
　　「美玉五德」

当下与每个人息息相关的"食品质量安全""食品生产者、经营者责任与良知""食品供应链安全保障""食品营养健康"都成了热门词。国家明确以"零容忍"的举措惩治食品安全违法犯罪、以持续的努力确保群众"舌尖上的安全",全面落实企业、政府和社会各方责任。互联网也有这样一群企业,把确保国人吃得方便、吃得放心、吃得安全、吃得健康、享受吃的体验,当做自己的企业责任和社会责任。这样的企业、这样的企业家,你能不和他一起共享饕餮吗?

"好豆网"是当下最受用户喜爱的中文美食社区服务平台之一,隶属于北京好豆网络科技有限公司,拥有广受欢迎的美食社区"好豆网",以及行业领先的"好豆菜谱"App。

通过"好豆菜谱"App,"好豆网"最先倡导互联网菜谱正版化、标准化、社交化、实用化的发展模式。目前拥有各类优质菜谱60多万道,分为孕妇食谱、儿童食谱、减肥食谱、高血压食谱、糖尿病食谱等数十个类别。"好豆菜谱"现在已成为互联网菜谱行业的风向标。

凭借自己在美食行业的深厚资源,"好豆网"在全国30多个城市建立了规模化线下用户组织——豆友会,组织用户开展线下美食体验式社交(同城活动),免费推广厨艺教学活动,满足用户对美食的核心需求。

丰富的内容价值,卓越的产品体验,让"好豆网"聚集了2000万PC端注册用户和5000万的移动端用户(截至2015年3月底),成为了苹果AppStore、小米、淘宝、百度、腾讯、微软中国、360、华为、联想、中国移动、搜狗等全国50多家最主流IT科技公司的紧密合作伙伴。

从2011年至今,"好豆菜谱"获得了美国苹果公司官方总部评选的"AppStore中国区年度最佳应用"的业界美誉,是微软(中国)全球九大首选战略合作伙伴之一。根据艾瑞、易观国际等第三方评测机构的数据,"好豆菜谱"在月度覆盖、日均启动次数等各维度指标持续蝉联行业第一,每日新增优质菜谱发布数占据整个行业七成以上。在三网融合迅猛发展的背景下,"好豆网"核心产品已经从互联网Web端成功拓展至手机应用、平板电脑、网络电视、高清数字交互电视、电子杂志、纸质出版等在内的全媒体领域。"好豆网"已成为中国发展最快的移动互联网公司之一。

"变"出新天地

公务员的新活法

记　　者：您原来是公务员,看看现在公务员报考的火爆新闻就知道当时它是很多人梦寐以求的职业,可您后来选择了"下海"。"下海"后在传统行业干得风生水起时,您为什么又毅然选择了互联网创业?

杨荣波：通俗一点讲,叫缘份,因为我喜欢的不一定是互联网,当初设想的也不是"好豆"这回事。我自己是1992年第一批"下海"的,之前在家乡的政府机关上班。因为想通过商业途径去实现自己的一些想法,所以抱着这种决心"下海"了,"下海"之后也是呛了不少的水。在外面搞推销一两年时间后,回到家乡摆起了夜宵摊。

王　　涛：在政府机关时,都是别人来找您办事,当您突然摆夜宵摊,面对以前的同事、朋友,您有没有心理落差?别人有没有不是很悦耳的语言?

杨荣波：没有心理落差,我是抱着一种决绝的心态出去的,就没准备回来。

　　　　　我这个人比较重感情。记得从单位"下海"后的第一个春节,我回去看我的老领导、老同事,感觉出了一个微妙的变化，他们对我不冷不热的。可是自己开始并未感觉到，后来我发现他们每个人好像都是这种态度，我想他们是不是有别的想法——是怕我又回去？本来好不容易让出来了一个位子，又准备回来，搞得人家很为难！从那以后，我就再也没回过原来工作的机关了。

记　者：现在网上、私下里都能看到，一些公务员从语言到行动都不作为，甚至说不想干了，他们口是心非，老百姓更不放心，日后这些不爱岗敬业的人如果掌了权，让人不放心呀。请您讲讲您的决绝心态，您的活法、信念、选择。

杨荣波：其实讲选择，有的时候是被迫的。我不喜欢在机关里面一辈子过这种生活，我总相信有一种方式，能够获得我想要的自我价值。这就是我"下海"的初心。当初，我们老家有一家最优秀的做中央空调的民营企业。人家看我是坐办公室的，与人交流很好，强烈推荐我去坐办公室来写东西。这不是我想要的活法，所以我没干。我说我最适合干营销、不适合坐办公室。大热天，我骑单车到那里跑了很多次，跟人家求情、讲道理，这样的事情，我不怕，我愿意。最终，老总被我感动了，就把我派到了河南郑州做销售。

我第一步做的是空调，然后自己创业。摆夜宵摊也不是选择，这也是被迫的，因为找不到其他事干。

我记得"下海"第一年跑到河南搞营销，做空调管道销售，确实有些落差，主要是对行业不熟悉，对环境陌生。搞销售还是需要专业知识的，尤其空调这块儿。自己不熟悉专业，跟人打交道就没话说。自己不会喝酒，但搞销售得会喝，否则跟人没话聊。于是，那个时候心里生出一个很大的挫败感，觉得在这里坐也不是、站也不是，很不自在。最开始，老是感觉自己是大学生啊、机关干部啊，但是一个月以后的现实经历让我彻底转变过来，业务开始上手。我转变的时间很短，但那种感觉刻骨铭心。类似这种感觉，在我们创业过程当中是无以数计的，它不停地需要你转化身份，不停地需要你转变心态，不断地去适应外部的环境。我经历了从摆夜宵摊、开餐馆、开连锁餐饮，到"互联网+餐饮+美食"这样一个过程。变化之中有不变，那就是顺应着大的潮流、大的趋势，与时俱进，这是一种必然。

今天"好豆"在做这样的事情，也会面临一些挑战，但我们认为"挑战"就是"机会"。所以在这一波里面，"好豆"通过愿景的设定，能够吸纳到一批志同道合的朋友，我想这就是我们最大的贡献。互联网凭什么来竞争？是人，这些人是最优秀、最合适的。有了这样一群人，你刚才讲的安全问题等，就都不是大问题了，我们都有方法来解决好，办法都是人想出来的嘛。

希望通过我们这样小小的项目、小小的团队，用正确的方式来推动一个方面或者一个小小点。做事要兼顾更好的社会效益和经济效益，这就是我们始终抱定的信念。

记　　者：公务员"下海"，不开大餐厅也不必干地摊呀，为什么当时不开个小餐馆？

杨荣波：当初没那个本钱，更重要的一点，我是想通过夜宵来积累一些经验，所以夜宵摊没摆多久，也就五六个月时间后，我开了一家餐馆。

记　　者：从地摊开始，使得您刚进入这个行业，不会一下赔很多钱，而且很踏实地了解了这个行业。

杨荣波：对。

从长沙到北京

记　　者：您最早在长沙做"互联网+餐饮"，是怎样的战略思想，使您把公司总部迁到北京来的？

杨荣波：其实，最初我们希望是在湖南、在中部地带能够独树一帜，能在这一块立起我们的旗帜。我们已经坚持了五年，也取得了一定的成效，至少在菜谱领域我们是跑在最前面的。但随着企业的发展，我们发现这还远远不够，我们希望能够进一步改造我们本地的互联网环境和资源。何况，中部地带相对是比较贫瘠的，人才、资源甚至观念等方面与一线城市这个差距是显而易见的，结果我们是被现实改造了。最终我们调整了策略，在长沙留下来一个基地，作为技术园区，公司总部于2015年5月7日搬迁到北京来。现实的情况是，互联网的人才基本集中在北京，资源基本在北京，甚至是投资、品牌等这些资源都集中在北京，这是一个聚集效应，所以我觉得我们到北京有点晚，好在最终还是来了。所以在公司总部搬迁的问题上面，也是自己再一次蜕变的过程。

记　　者：北京在人力资源、房租和运营等方面的成本会加大。来北京或者经营、蜕变过程中，是否有资金压力的节点？

杨荣波：坦率地说，资金压力一直不大，因为我本人是做传统行业出身的，在这块儿还是稳定经营的，所以原来的那些"余粮"，基本上都转到了我们互联网的"仓库"里了。

融资观念的变化

记　　者：您还有一个不一样。大多数互联网企业是赶紧搭台子去融资，您是赚到钱往互联网里去投，这在互联网企业里是比较少的。

杨荣波：确实我自己就是个投资人，最早的一个投资人。从最开始2010年的时候就有很多投资人向我伸出了橄榄枝，希望投资"好豆"，我当初都没有接受。

记　　者：为什么？

杨荣波：我觉得是观念问题，自己的观念保守。

记　　者：我觉得吸引投资，跟保守没有太大关系，反正它给您，您来去做。

杨荣波：我历来对投资人有些误解，觉得投资人不好惹，而我们是专心做事的人，先把事情干好是最重要的。这种观念有它的片面性。有时候，投资者给你施加一定的压力也不一定是坏事。这不是钱的问题，还是资源的问题、观念的问题，本质在这里。投资人给你带来的不仅仅是钱，更重要的是，它会用第三只眼睛来看你，它时刻给你一种鞭策、一种提醒，相当于聘请了一个监督员，它促使你时刻去反省自己。因此，现在我们也接受了A轮投资，目前跟投资人的关系很好，基本上是投资不管事，我们可以放手干，最终拿出满意的答卷，有个交代。当然这个交代更多的是我们的事业要成功，而不是某个阶段要好看。

记　　者：新兴互联网公司，尤其是天使投资的，往往用上市来衡量成功。您的投资人，有没有上市的要求？

杨荣波：衡量是分阶段的，应该分两个阶段。第一个阶段，在这个领域中，我们已处于领先位置，因此一定要努力做行业里的标杆。第二个阶段，还是要去为更多人提供一个好的生活方面的服务，这是一个更本质、更长远的想法。

　　投资人最终还是要一个相对好的回报，现在这个回报可以有多种方式，有短期的，有长期的。如果是个优质的企业，在持续增长，谁愿意退出呢？所以我一定要保证企业可以持续快速地增长，尽量做到这点。如果慢下来，那就到了一个很危险的边缘，投资者自然就会没有安全感，所以我们要力争做到企业可持续地快速发展。

　　投资人不一定有上市的要求，但是我们肯定要上市，并且在预定的一段时间，设立了这个目标。

记　　者：您刚才说拒绝了一些投资人，除了观念以外，有没有一些是因为给您投资的人，跟您的发展观念有差异或者给您更多的限制？

杨荣波：没有。

记　　者：原来的那些投资人，它如果还想给您投资的话，那您是否会接纳？

杨荣波：我会欢迎的。企业在不同的阶段，比如天使阶段，更重要的是资金的支持，以此保证能够生存下去，而我们有这个生存能力，就不一定要拿人家的钱。但始终不拿人家的钱也是不对的，还是要接受第三方的监督、第三方的资源整合，更重要的，还是自己要有一个开放的心态，不至于自家人闭门造车，我觉得最主要是解决这个问题。

记　　者：投资人会给您什么样的建议？

杨荣波：我们会有不定期的碰头、阶段性的一些交流，投资人更多地会给我们一些非正式的提醒，这些是比较轻松的。

"新兵"不守旧

记　　者：团队是事业发展的重要支撑。您的团队是如何搭建的？您来到北京，是把您原来的团队大部分带过来了吗？

杨荣波：团队初始时是一个"新兵连"，我就是"新兵连"的"连长"。我本人也不懂互联网，五年前我不上网。之前，我有个小搭档，他干了一段时间没有任何成效。互联网作为新生事物，我是很坚定地看好它，我觉得这个事情不能半途而废，所以后来就亲自操刀，当了个CEO。当初的做法是招了一批应届毕业生，武汉大学、中南大学的，这批学生确实很优秀。我们的团队更多还是属于从零开始的，大家一起都是从零开始。我这个老大不懂，这些新兵也不懂，但是大家学习的氛围很好，善于钻研，一起摸索，把握了一些机会。第一次是把握了移动互联网的机会，第二次是把握了社交工具的机会，这就基本奠定了"好豆"最开始发展的稳定性。今天，我们核心团队当中有两名就是从学生兵里面选拔出来的。现在我们核心成员有十几位，有两位是筛选出来的，其他的都是我们到北京以后重新招兵买马整合起来的，应该讲，现在的团队是一个新老搭配，更多是更新换代的结构。"好豆"注重的是，永远不守旧，永远不能有瓶颈。从我开始，现在我是CEO，我觉得自己的这个CEO是勉为其难，在当前更多的是解决一个把我们核心团队打造出基本架构，下一步要花更多经历去培养出领军人物。我自身是清楚自己的优劣势的，今后不能讲完全没有优势，也有它的优势——历练、对一些大趋势的判断，但同时更看清楚自己的短码，对趋势的敏感度，尤其是对新的一些爆发式的症状点，这些都需要一线的年轻的领军者去发现。所以我对我们的核心团队，第一个定位就是要永远年轻，如果你的生理年龄很大了，你的心理年龄也必须年轻，你不能保守，不能给自己设定概念，我希望以我们这些年轻团队成员为镜子来照我自己，我是不是真也老了，当然这种老是不愿意承认的，但是我希望这个团队成员，大家真正能够做成取长补短、优势互补。从我们把总部搬到北京来以后，我认为我们的一些想法真的实现了，很多一线优秀的精英在不长的时间内就融合到我们的团队当中来，这种效果会带来公司发展大的提升。讲来讲去还是生存靠团队，生存还得靠最核心的这帮人。现在十几名高管成员，短短的两三个月，能磨合到这个程度是不容易的，但反过来讲，为什么会有这么样的效果？我觉得功夫在事外，这还在于"好豆"的基因，它的积累、精神，没有这个东西，今天的队伍不会有这个效果。

吃得饱，更要吃可靠

"好豆"好在哪里

记　者：“好豆”的坚持、坚守，体现出对需求端、客户端最基本的初心，而在商业浪潮滚滚来袭的今天，这样的做法格外可贵。此间一定有很多故事，请您讲个豆友们真实感受的故事？

杨荣波：“好豆"五年时间发展出7000万会员，说明了这种"慢"打坚实基础与效果的独特性。"好豆"没有在商业化之路上偏离初心。比方说，我们东北有一位李大姐，她是一位下岗的工人，家里遭受了一系列的变故，经济压力特别大。她在"好豆"的广场里面无意当中谈到家里种了一批木耳，卖不出去，上游的电商平台需要交一系列的费用，交不起，非常着急这个事情。"好豆"管理员知道后就发起了一个活动，倡议我们"好豆"用户一起来购买李大姐的木耳。最开始大家是献爱心，买了一些木耳尝了一下，发现这个木耳味道特别好，这在"好豆"的平台里面就传开了，于是大家都去抢，这位大姐的木耳很快就卖光了。虽然作为大的电商来看，这几百斤木耳并没有什么了不起，但是对大姐这样一个处在困境当中的人，不仅给她解决了一个经营的大问题，而且传播了她的产品的优质信息。她的木耳卖完后，大家还向她买木耳。后来她进一步扩大了生产，现在她靠这块儿减轻了很大的经济压力。"好豆"这样原始、动人的素材，是无以数计的。

记　者：社会的每一个个体，如果他的人生只做一点正能量的、善的事，挣钱时却不管正能量负能量挣着就行，那么这个社会就会有一点变形。从企业的角度来讲，如果有更多的企业是正能量的，至少这个员工他八小时工作时间内是在做正能量的事，一天绝大多数时间都是在做正能量的事，社会的风气不用说，它就改变了。

杨荣波：不仅是我们团队在做这个正能量的事，更重要的是我们把成千上万有正能量的人团结起来，让大家能够找到一个共同的情感家园，所以我们要打造一个有温度的平台。

"好豆"是一个爱生活、爱美食的平台。首先要有对美食的热爱之情，2010年创业时是这样定的，到今天我们这个初心也没有变。如果一个吃的产品不是用爱心做成，那是非常可怕的。如果只是为了挣钱，一定会做假、一定会使坏。我们在这里应该去带好这个头，一点一点地推动正能量方面的转化。选择最喜欢、最放心的美味，这是每个人最基本的需求，只是条件所限，我们大家的这个最基本需求没有得到保障。回归到这个最基本的层面来，我相信不需要很长时间，就可以改变企业的观念。现在"好豆到家"上面有五六十位有爱心的制作美食厨艺的达人，在后面排队的还有两三千位，我们把入口都隐藏起来了，没放出来，放开来起码是三万甚至更多。这是分享，大家在互动、共享。五年来我们抱着一种谨慎的态度来做这件事，我们相信把第一步走好了，到后面第二、第三步会做得更顺畅，因为本质上我们做的不是一两天而是长久的事情。我相信有价值的事情，最终还是有回报的，这也是一条基本的经济法则。

没有安全　就没有美食

记　者：作为"好豆网"的核心资源，如何界定您那些制作美食的达人？

杨荣波："厨师"这个词，可能有点窄，应该叫"厨艺爱好者"或是"美食手艺人"，"美食手艺人"可能相对准确一点。他不仅是个厨师队伍，有很多"厨师达人"没有在餐饮行业工作过，但是他的手艺很好，他想分享，同时也想通过这个方式谋得一个生存发展的平台和机会，所以这个群体，他应该是多元的。

记　者：就像"滴滴打车"一样，所有的参与者，首先必须有驾驶证。餐饮行业也是特种行业，也需要相应的卫生许可。您是怎么去解决这个问题的？

杨荣波：安全应该是美食的先决条件，没有安全，我认为就没有美食。我们做这个事情就是立足于安全，现在各方面的条件都成熟了，能够用各种手段来防范安全的问题，有几点是可以保证的。

第一，把安全视为企业的最高宗旨、首要前提。不能保证安全，贩卖的不就是一种毒药吗！这是不行的。事实上，一个吃的东西，它如果没有安全性，就不会得到市场的认可，所以从这点来讲，我们企业的同仁，在理念上面，肯定是把安全当做自己的最高宗旨，也是最低要求，这是必须要保证的。

第二，我觉得要实现食品的安全是一个过程，或者讲实现食品完全安全，这也是一个长期的、坚持不懈的过程。讲实话，现在有这么多的法律法规来保证我们的食品安全，但事实上食品安全问题还是屡见不鲜，所以我觉得仅仅有法律法规还不够，当然，我们首先要遵守和执行好法律法规。

第三，我们还应有一个创新的手段，进一步完善、保证食品安全。现在科技日新月异，尤其是互联网的这种方式，让一切物体都暴露在阳光下，所以我对食品安全的问题，抱的是一种非常有信心的态度，它一定会逐步得到解决，直至最终很好地解决。

第四,"好豆到家"就是承载着这个使命,它有具体的措施来保证"好豆到家"在食品安全的前提下搞好业务。

我们要凭良心办事。我们"好豆人"自己来凭良心办事,我们"好豆"这些商友也应该凭良心办事。怎么知道是否用良心办事呢?因为我们的用户、我们的商友以及制作食品的这些人,我们熟悉他,我们了解他,他不是陌生人,他在"好豆"登记的都是实名制的资料,很多人还在我们这儿有一个比较长的注册时间,相当多的粉丝对他比较熟悉。大家通过社交的方式,对这个商友交往很多,对这个人是有了解的,将来还会以大数据去加以保证。其次,我们有具体的保证措施,还有具体的流程,比方说,对于他制造的食品,我们要求寄样品,我们有品鉴团,我们随时都要进行抽检,同时我们让大家最后评论,我们对评价多的、比较好的,有自动的推荐机制。把好的、放心的、大家好评多的商品推到最前面去,用稳固的机制来保证长期的安全。这就是我们说的,在遵守法律法规前提下的不断创新过程。比方说,我们的美食厨艺达人,他们没有做过买卖,以前做好吃的东西就是为了与家人朋友分享。他没有把这些美食变过钱,现在能变钱了,那就面临很多问题,他需要去办很多证照、接受各种的检测等,虽然有些也能够办,但是确实手续比较复杂,是一件很麻烦的事情,而且还不一定能够完全达标,怎么办?我们在这个方面,首先采取的是一个比较谨慎的态度,不宜一下子放开,放开的话,我们心里也没底,所以我们也只能做尝试。但对于在"好豆"玩了三到五年的这样的一些美食大咖,我们对他非常熟悉和了解,甚至也见过真人,他家里的点点滴滴都分享在我的网上,我不仅知道他是哪里人,还知道他家里有几口人,知道他平常的生活的一些状况和生活的习惯,因为这些他都是有分享的,所以像这种人我们认为是知情的。这些资深的美食达人,我们会有选择性地来优先推荐他们获得"好豆之星"。我们会鼓励这样的达人去完善他们的证照，起码健康证是需要有的，QS也是需要有的。如果他们的生意做起来了，营业执照是需要办的，如果营业执照办起来不方便，"好豆"可以帮他代办。这件事情，我觉得是一种尝试，是一种创新，同时我们尽可能把它控制在一定的风险范围内。我们的办法就是尝试，这种尝试一定要试，因为它能获得市场的认可，能够获得成千上万用户的认可。打个比方，我们的亲属她没有QS，也没办健康证，但是她给你做了一个年糕，你吃不吃啊？你是吃的，并且非常喜欢吃，这是我打比方说的。我们对食品安全的界定不能仅仅是局限在证照的方面，其实还有比证照深层得多的一个保证体系——信仰体系；我总相信我的亲属她不会害我，这一传统方式要带到我们新的"互联网+"的时代，我们需要对之进行互联网改造，保存优点摒弃缺点，而绝不是帮孩子洗澡连同孩子一起把他泼出去，没有必要的。这里面可以通过很多的一些措施、方式来解决，但一切的前提是要锁住"厨师"——美食达人。凭良心做好事情，做好良心食品，这对你甄选、对制作美食达人的甄选是特别重要的，这一道关是一定要把住的。一个小作坊或者食品加工厂如果出了问题，处罚的是这个企业。这些美食达人做这件事，更多的是一种兴趣、爱好，希望通过展示他的厨艺、手艺，能够获得大家的认可，能够得到一份相应的报酬（其实这种报酬，是带一点额外奖赏的意味），而更多的是在于分享这么一个过程。你想，为了这么一点点的收益见利忘义，使食品出了问题，把自己的名声败了，对他而言是真正的灭顶之灾。把自己家庭都拖累进去，这种代价远远要高于那些工厂、作坊！这个性价比是很明显的。所以，从这个方面来讲，我对这些美食达人们参与"好豆到家"这样的一个尝试里面来，始终抱着一种乐观的态度。这种乐观是谨慎地通过各种措施来设法保证食品安全的乐观。

记　者：我们说正能量不是那种"高大上"到离我们生活那么远的"东东"。其实您搭建的这个平台就是在做李克强总理倡导的"大众创业，万众创新"这么一个事儿。从这个角度来讲，您解决了大众创业，给了这些您所涵盖的大众一个创新、创业的机会。

杨荣波：你讲得非常好。其实现在国家出台的食品安全法，某种意义上说，它就是一刀切，用一个模子来框定所有人，让所有的人对号入座，其是否合适值得商榷。安全的问题，其实需要去量身订做，用正能量的素质提倡，是可以进一步解决好的。每一个人食品安全的问题，比方说像口味，它是分地域、分男女性别甚至是分体质的，这种上火的东西，对于你合适，对于他可能不合适，我想今后应该按照这个方式做，可能会非常有意义，它不仅解决了安全的问题，还解决了一个营养和健康的问题。所以，我们现在是为了这样一个美食的梦想在努力，也是希望千家万户、亿万的民众，在生活方面，尤其是在吃的方面，可以有更高的幸福指数：不仅是美味的，更是安全的；不仅是营养的，更是健康的。因此，我想，在法律法规不断完善的前提下，今后的食品，在美味指数、安全指数、营养指数、健康指数等方面，都会有一个大幅度的突破，这也是每个消费者的共同心愿。

记　者：在国家宏观工作当中，食品安全已经成为重中之重。同时从另一个角度来讲，中国的这个问题又非常大。从互联网的角度来讲，以它的这种发展模式能够迅速去带动、改变一些产业，最终使我国食品从安全的困惑达到食品健康的发展层面吗？

杨荣波：这一定会是一个漫长的过程。但在当前，这是里程碑、跨时代的阶段！解决的途径，首要的还是靠科技的进步，即通过互联网的普及、大数据的崛起、生物科技的突破，也就是通过科技力量的整体推动。目前是科技文明叠加的时代，不仅是衣、食、住、行，我们的方方面面，都会发生跨时代的变化。在这种大背景下，吃的问题，我相信自然而然地可以获得一份额外的红利。

你刚才讲食品安全，我们对它的未来，确实不好判断，但互联网往往会给我们带来额外的惊喜，需要像"好豆到家"这样成千上万的企业不断地去摸索。摸索就不能完全守旧、完全按固有的模式去做，一定会有很多的创新，甚至会有颠覆、会有打破，在这点上，我觉得政府和社会也该适当有一个容忍度，当然它的前提是不能违背良心来做事。所以像"滴滴打车"、Uber，为什么能够在美国、欧洲这些地方都推行起来呢？我觉得是在遵循一个使命在做事：让所有人的出行变得更美好。他是抱着这种初心在做事情，在推进的过程当中也体现了这种效果，而且越来越明智，这明显是与现有的法规相违背的：一个私家车怎么可以去搞营运呢？所以起初导致出租车司机打架，但现在逐步得到了国际国内的认可。新生力量的崛起总是有一个过程，总是有一个从否定到肯定，或者是更大否定、更大肯定这么一个过程。我觉得在这个过程当中，作为创造者和分享者，都需要更大的勇气去面对现实。我相信我们发展的轨迹一定是正向的轨迹，我们最后的结果一定是更好的，我们就是抱着这种信心来做这样的事情。

这里会有纠结吗？可能会有点纠结，与现行的法律法规多少可能会有一些灰色地带，甚至要打点小摩擦，但对于我们这个创新型企业而言，首要的一点是要把握好度，还是要下大力气去控制食品安全这样的风险，尤其是我们做吃的事，人命关天啊！我们每一包食品对人家来讲，做好了可能是一个美好的回忆，弄得不好就是一个噩梦。所以在这里我们没有什么或许的问题，我们是一定要秉着最高的准则，要放心、安全地去做好这件事情，或者我们把那些法律法规暂时遗忘一下。只要我们把这件事做好，让大家觉得这就是给自己的爸爸妈妈、兄弟姐妹吃的，把食品做得最干净、最安全，送达到我们购买用户手里去。因为是给他们这些最亲的人吃的东西，怎么会不做好呢？从某种意义上来讲，最后还是要本末归位，不要颠倒主次，还是要做好我们自己的事情，让大家更美好地分享安全、美味、健康的食物，这才是本质，然后再去处理法律法规的事情。

  我就是这么来看的。当然，从企业的角度，要倒过来看，因为我们每天要去面对众多熟悉的粉丝，这是一群朋友的事情。首先想的一定是食品好嘛！想的是怎么样让朋友吃好、吃得满意，这就是抱着初心在做这件事。当然，像我们这种纯粹个性化、多样化的达人美食制作，除了面对食品安全、美味、健康和法律法规的问题，其实还有更多的一些瓶颈去解决，比如吃的一包饼干、沙琪玛，也就一二十块钱，但是运费要花二十块钱，很划不来，怎么能够让大家想吃能吃得到也吃得起？目前"好豆到家"除了安全问题需要去解决，还有配送、个性化的推荐等，都需要我们用心去做。我想，对于一个创新企业，正是面临着这样无数的未知，也就意味着有无数的发展可能，换言之，挑战就是面临的机会，我就是这么理解的。

打造"从田间到餐桌"的食品安全生态圈

记　者：听您的讲述，觉得您是在做一个健康产业？
杨荣波：在以往，你吃得好可能感觉不到，但吃得坏，你逐渐会有反应。吃了这么多莫名其妙的东西不会生病么？没有问题吗？你看看现在那么多怪病冒了出来，尤其癌症的发病率这么高，这跟什么有关？跟呼吸的空气有关，跟喝的水有关，跟吃的食物更有关。跟我们吃的到底有多大关系呢？等大数据挖掘出来，数据摆在那里，人们自然就会一目了然了。吃的东西跟今后的健康，有很大的相关性，所以专家才讲，未来十年、二十年，最大的产业一定是健康产业。所以"好豆"才朝这十年、二十年以后的市场去看，其实也是希望在健康、放心方面，尽自己的微薄之力，这是非常有意义、有价值的事，这就是我们坚持做下去的源动力。

记　者：具体来说，您有什么样的机制，去保证食材的安全性和天然性？

杨荣波：这就是人们讲得最多的那个问题——从田间到餐桌，其实它谈的是整个产业的整合问题。现在我们做到的仅仅是在制造环节尽量保证绿色安全，同时我们反复提倡凭良心做事，这个价值观念已经得到"好豆网"整个厨艺人的认同。这前面其实还有许多的环节，比如你刚才讲的原材料、食材的环节。我们希望通过现在的态度和行为，逐步推进到它的上下游，从而使得食材从供应到餐桌的完全绿色、安全。好的味道的产品，就一定要有好的原料，好东西一吃就知道。你如果用的不是好的原材料，做的味道对一般的人、不讲究的人，他不一定有感受，但对讲究的、资深的这些达人，他是非常清楚的。我们现在这里的都是厨艺达人和一些美食达人，大家其实都懂，都吃得出来。曲奇里面加了保鲜剂和没加保鲜剂，这味道不一样，甚至野生的橄榄和大规模人工种植的橄榄，都有气味的差别，一句话，最终还是由市场来定夺。随着规模的扩大，我们应该会有一些手段，进入到食材的供应端去。比方说："好豆"可以发起团购，我们自己来把关，我们对食材这块，像面粉、糖浆、各色原材料，"好豆"也可以进入进去，可以做一个平台方的信誉保证，逐步做起来后，就会成为"好豆"独特而稳定的信用、口碑和特色，这是我们最看重也是最有价值的东西。

记　者：在您未来的商业模式中，会去建立属于自己的食材基地吗？

杨荣波：不一定，我们的用户和我们的商友，他们也许有人有这个兴趣，他们会去做，我们还是打造互联网平台生态圈，这才是我们最核心的竞争力。

好品位，源自好品"味"

"好豆"就要好品"味"

记　者：从五年前您进入互联网这个产业到现在整个的行业环境，您认为发生了什么样的变化？

杨荣波：虽然我觉得自己本来有足够的心理准备迎接变化，但这种变化，远远超过我的预料，还是变化得太快太快，这根本上是对我自己观念上的一个大冲击。我们以前老是觉得，这些事情本来就应该长成这个样子，不应该是那个样子，但是到了现在，原来都是可以长成不一样的样子的，都是可以的。打个比方，这种餐饮团购，以我的经验来看，它是存在一些问题的。因为餐饮行业本来虽然毛利比较高，但纯利是比较低的，它里面固有的成本是比较大的一块，但是团购让大家以更便宜的价格来吃，我总觉得从逻辑上是存在问题的：越便宜，东西越得不到保证，质量越得不到保证，市场最终会遇到问题。事实上大家看到了，2015年的团购，已经成为了为大家所接受的甚至是盈利的模式，这个事情对我的冲击还是比较大的。

这说明了什么？事情都是可以变化的，这里固然挤压餐馆的利润，但是也让人们看到了：一方面，有很多商家是希望能够牺牲短期的利润获得长期的用户；另外一方面，很多的这么些用户，是抱着我来填饱肚子的目的，只要这个东西安全、能填饱肚子、便宜点就行，这都是有种刚需在里面。所以我们就不能用完全传统的方式、固有的知识和眼光来看待这种商业的模式，而要在发展的过程中，不断用一些新手段来弥补自己的一些缺陷和不足。

就团购来说，它也逐步分出了不同层级，有高品质的团购，有性价比比较合适的团购，也有低廉的外卖，这都是演变的过程。所以我觉得，很多事情你不能说一定不能做，只能慢慢做，这里面只要是用户有需求的，尤其是刚需的，这个市场就是可以存在的，尤其在近期，像"饿了么"项目的崛起，对"好豆"的刺激还是比较大的。我们需要去找到用户的痛处，我们能够首先解决好用户的痛点，也就能够医治用户需求的新病，由点到面到整个生态，它都是可以进行这样一个联想的。所以这个五年，对我重要的影响，那就是：一切皆有可能。

记　者：有一个事情，想跟您交流，线上购物时，我发现一个变化——质量、本质与价格之间。前些天和几家物流创始人和老总，他讲早期价格是消费者的首选，后期还真不是，好的品质会成为首选。

杨荣波：这有个启动的过程，有个交易的过程，我相信一定会往合理的方向去发展，最后还是会做到物有所值，即"一分钱一分货"这个道理、"诚信体系"的价值标准是不会改变的，这是商业基本的逻辑。现在我们做的这种达人美食，是售卖品牌，本质来讲，它处在一个打破原有产业链条的这么一个环节，正处在一个重新启动的阶段。拿我们做的曲奇来说，手工做的和工厂生产的，是两种价格，我手工做的价格要高，所以我们的曲奇在市场能不能被大家接受呢？当然有人接受，但接受的人有多少？我相信，消费者最终会认识到吃得放心的价值，认识之后，他的购买态度就会发生变化。

一个手工的曲奇，它没有放防腐剂，没有放保鲜剂，没有放这么一些添加的东西，消费者的舌尖会有感觉的，它的味道是和那些加了这些添加剂的曲奇的味道不一样。一旦吃上一块后，消费者自己就会上瘾，慢慢的，他就会成为我们忠实的用户。这样的群体，我想它逐步会增多的，大家也会因此逐步形成一个新的认知。

大楼高不高　关键看地基牢不牢

杨荣波： 我们做的不仅是线上，而是线上和线下相互连接的品牌，这需要把整个上下游的链条全部打通，通过市场要素来进行优胜劣汰。我们要做好的食品，就一定要用好的原材料，好的原材料一定要有好的加工工艺，其实它是环环相扣的。"好豆"作为平台方，不能坐观其成，也会参与到环节当中去，会有很多的形式参与。我们不是纯粹提供像淘宝那样一个信息平台、支付平台，我们是做美食类的垂直生态体系，这里面本身就含有很多环节，这些环节中的参与者本身就是我们的用户端和供应端，他们不一定能够解决好，它是基于线上线下的整个产业链的整合，而这恰好是"好豆"应该做、正在做的事情。

记　者： 您现在说"好豆"有三块，一块是菜谱，一块是好豆到家，一块是智能厨房，这也是最近才开始出现的新产品，这等于说又改变了一次品牌印象。在品牌方面，从开始的形象到后边的印象，都发生了变化，这个变化大概有几个阶段，每次为什么要改变？

杨荣波：坦率地说，"好豆"的品牌还处在一个自然生长的过程。从最开始的学做菜到交友，它是顺应用户的内在需求，这是一个自然的过程。我们又提供了一个很便捷的购买渠道，食物都是自己家里做出来的，是放心的食物，这也是一个自然的过程和新环节的增加。现在有一个比如智能面包机这个智能产品的诞生，都是顺应用户内在需求来进行的扩展。我们没有进行过大的推广，现在更多的还是在做好平台的基础工作，做好产品工作，做些最基础的运营工作。

品牌这块儿，更多的我们还是基于用户对"好豆"核心价值的认知，他认为"好豆"是美食、爱心这么一个有归宿感、认同感的品牌。这种品牌，它不仅仅是功能性的，更多的是一种情感上的认知。对某一功能点，还是一个相对来讲比较宽泛综合的认知，我们需要去用更加专业化的方式去进行我们品牌的推广和提升，今后的用户群要进一步细分，以更加精准，这就是我们接下来要去做的新的工作。

比钱更重要的事

记　者：负能量的事能挣钱，正能量的事也一定能挣钱，关键就是您怎么去做。

杨荣波：所以作为经营者，这里就存在一个度的把握问题。我暂时是赔钱，我就少赔点，让自己活下去，赔到自己能挣钱的时候，不就缓过神来了？但如果始终在赔，赔得什么都没有了，是不行的。

有人说，现在是互联网的"寒冬"，确实不少人也感受到了很大的紧迫感，但"好豆"相信自己能够挺过这个冬天，因为有那么多不断增加的用户在支持我们，更重要的是，我们现在坚信我们做对了这件事。现在，"好豆"越来越被各界投资看好，其盈利点越来越强。举一个例子，从广告方面看，现在"好豆"的广告收入是2014年的四倍，为什么？因为大家认为"好豆"这个品牌很正，就像你说的正能量，它做的事情你看得到，它实实在在，每一步都很扎实，做得里外都是一致的，对大家都好，大家心里都是明白的，这让我们感到很欣慰。虽然"好豆"还是纯粹的、比较自然地发展、自然地传播其品牌和影响，虽然我们准备加大品牌推广力度，但做好东西、能够尽量去服务好更多人的初心不改。

记　　者：关于盈利点和盈利模式的事，就像您说的那位李大姐，她在线上产生了效益，我们是跟她如何分账的，有没有什么分账模式？

杨荣波：我们过去没有分账模式，现在也没有。我们希望培养出一批好的商友，但是未来一定是可以盈利的。我们提供好的服务，应该可以分享这个利润的。至于到底采用什么模式，我们可以斟酌，可以探讨，但最终一定是互利双赢的，因为这是我们不变的初心。我们不会纯粹为了钱而放弃自己的坚守、产品的自然价值和社会价值。比如配送服务，包括大数据的服务，这都有盈利点，都有机会。当前我们还是用最原始的方式——广告，这块儿的收益还是比较快速地在增长。现在"好豆"是能够养活自己的，我们基本上能够做到盈亏平衡，"好豆"需要保存的是自身的可持续发展。好的品牌，一定要保证它能够一如既往地、可持续地为大家服务，这也是我们当前首要的使命。

记　　者：除了广告之外，您有这么多的达人，比如在美食培训方面，有没有计划？

杨荣波：培训方面有这种设想，比如在烘焙方面。其实，烘焙这方面是一块不小的蛋糕，据我们初步了解，它每年的市场规模应该到达了百亿级，把产业链再拉深一下，可以往线下走。现在有一些小的品牌，它靠烘焙培训就可以过得很好，当然盈利不是那么大，但对他们来讲都已活得很好了。跟我们的用户、跟我们的达人，我们有设想。

记　者：请问，您现在所说的这个百亿的市场，是家庭的市场吗？

杨荣波：家庭的市场，但目前缺乏统一的平台，"好豆"在这方面来讲大有可为。据我了解，很多交易，用户群、需求都是在的，只是我们没有去挖掘。所以"好豆"是在沿着自己的路径在一步步推进，逐步会更多、更深入地去满足我们用户群方面的需求。

记　者：因为您都助了他们，我认为将来收费他们是可以接受的。

杨荣波：我们首先还是让商友他们尝到甜头，让他们存活下去。他们存活好，"好豆"就一定可以很好地存活下去的，二者相互依存、抱团取暖，最终大家都会有回报的。

"好豆"到底有什么"豆"

"好豆"到家

记　者：从现在的角度来看，"好豆"产品的核心功能分几大块？

杨荣波："好豆"首先是一个美食平台，美食的社交平台，然后由此希望达到一个垂直的生态体系，这是一个基本的设想。产品核心功能主要是好豆App提供菜谱分享、美食到家、社区互动三大核心服务。

　　就菜谱分享而言，"好豆菜谱"拥有菜谱数据60万道，首创菜谱的标准化、正版化、实用化，每道菜谱都提供详细的步骤图、做法、用料及细节说明。"好豆到家"为吃货们提供了一站式美食购物平台，我们只推荐真正好吃的美食，所有美食均由达人亲手制作，绝对让您吃得放心！"好豆社区"为用户提供了开放的交流平台，用户可分享美食心得、成果照，发起话题，打赏豆友，结交美食好友，参与线上线下互动活动。

我们希望国人爱生活，爱美食，爱做菜，爱下厨，使用"好豆菜谱"，开启幸福生活！

从"豆友"到商友

记　　者：豆友、豆粉这个人群，怎样才能成为您的商友？如果成了您的商友，是不是他的产品，您都会帮他做推广？

杨荣波：成为商友有申请制，现在排队的有两千多家。我们现在采取三个步骤：第一步，我们有数百美食达人，是对美食比较专业、有经验的人，请他们成为我们的品鉴团，大家会组织起来进行品鉴；第二步，我们会通过对销售的过程、对用户回访，了解他们的评价；第三步，我们会经常进行抽检，第一次品鉴以后不代表就过关了，我们会不定期抽检。目前就是通过这些环节来最终确定他能不能成为商友。接下来，还会有一系列的方式来完善对品质的控制，总的来讲，我们把食品的美味、安全和营养放在同等的位置，缺一个都不行。成为"好豆"的商友前，我们对一个商友至少做数个月的把关，这应该是在所有品牌里面很严格了，而这个环节，仍然是一个不断完善的过程。

记　　者：我还想问，已经成为您的会员，它前期的品质没问题，市场也出乎意料的好，供不应求时品质容易下降，后续的这块儿，您怎么去把关？

杨荣波：首先在进来时，要跟他们签定一份协议，对于品质要始终负责，就是解决扩大生产规模以后，他的品质还能不能得到一个保证的问题。现在，我做的是达人美食，达人美食从某种意义上来讲，生产规模始终是有限的，因而这方面的问题还不明显。卖得好了，我可以通过一些产品的方式来解决产能问题，比方我们采取预定的制度，有多少人要，我就生产多少，而不是说生产一堆的东西放在那里，让你们来买。这样，通过预定机制来调理、解决产能控制的问题，从而确保美味、营养和安全质量不降低。举例来说，现在我们能供应一百份辣椒酱，但可能有二百人和三百人要买，怎么办？只能预定，豆友可以根据需求量进行自己的人员增减，来保证产品的正常供应，这样无论原材料还是制成品、人力资源，都不存在浪费的问题。同时，从长远来讲，我们也有一些设想，例如辣椒酱比较受欢迎，现在由一百份扩大到五百份，但人家要一千份到一万份怎么办？我们可以进行中央厨房的合作，但总的来讲，我们希望做到限量版供应，或者按需供应，因为从根本上讲，"好豆"最后还是一个个性化的美食售卖平台。

记　者：我们都知道不光是食品，很多产品，它都有一个质量的保障问题，为什么中国人要到日本去买马桶盖？"好豆"的这种办法，不失为一个好的尝试，值得大家借鉴。

杨荣波：这也说明，"好豆"面临着一个产品的标准化生产的问题。我们现在做的这些，基本都是非标产品，相对来讲，它不是每个环节都是这么一个量化的标准，但是怎么能把它的品质和供应的数量更好地平衡，这一点也需要我们今后在生产方式和资源整合方面进行创新。

记　者：目前您做的产业园区是一个孵化器？

杨荣波：没错，我们逐步会有两种情形：一种是把C端的用户供应这一块逐步分化出一批小B端出来，就是一些小的规模化生产的供应者；第二种，就是把传统供应的B端生产商逐步演变成C端。个性化的小批量制作的定制生产商，也会有倒逼的作用，由小可以做大，由大可以做细，会起到这么一个作用，最终影响的会是哪些人？食品加工厂，路边的食品作坊和正儿八经开店的餐馆，一些没做过买卖的厨艺达人，也就是说，影响的会是整个的食品制作流程当中的全体对象。现在的切入点仅仅是基于"好豆"的厨艺把握，但我们的切入点会逐步延长和延伸，这就是我们设计的基本路径。

从"豆友会"到"美食嘉年华"

记　　者：我自己家里有烤箱，刚开始还有点热情，后面就嫌它麻烦了，像您说的一弄得好几个小时，后面基本变摆设了。类似我这样的初级用户和美食达人，你们搞没搞过线下方面的活动？

杨荣波：我们线下活动还是挺多的。"好豆"运营有个特点，是把线上和线下链接得比较充分的互联网企业，"+"得比较好的企业。现在我们主要有三种活动方式：一种比较小众一些，一次活动大概是二三十人，我们叫"豆友会"，像北京基本每周都有好几场这样的活动，每次都有一个小组织，做面包烘焙这样的一些主题活动；还有一种方式，我们叫"美食嘉年华"，基本上组织的人员一次会有七八百人、上千人，我们把这些"好豆"的制作、厨艺的商友，把他们做的商品做一个线上展示，然后通过跨界的方式，把各色各样的用户吸引到我们的线上来品尝；还有就是一年一度的"吃货节"。"好豆"的线上活动获得了用户高度的认可，在交流、品尝美食的同时，还能给大家获得厨艺外的增值服务，比如我们的"豆友会"，除了通过线下活动分享到美食达人的干货，大家还可以建立起比较好的社交圈子。我们通过这样的方式，把一些优质的商家如蒙牛、九阳拉到这个活动当中来，通过他们的赞助，使大家互动起来，基本上做到人人有奖，整个活动搞得比较轻松、氛围比较好。我们用户对这种方式大都比较认可，反过来他们也愿意去分享，从而进一步把"好豆"这个品牌，以最可信的口碑方式推广了出去。

记　　者："豆友会"聚会一般在什么地方搞？

杨荣波：不同主题跟不同的合作对象一起来合作，比如第三方咖啡馆，甚至是瑜伽会所等。

记　者：不是豆友，对信息的获取不是很便利，在非豆友的推广面上，他们不知道怎么参与来玩。

杨荣波：你讲的目前也是一个现实情况，目前这些活动还是局限在"好豆"的用户圈子里，进一步把线上引到线下去，增强他们的互动，从这点来讲，我们还是需要多动脑筋、多做功课。

"美玉五德"

记　者：通过访谈，我认为您是一个特别有使命感的人，请您谈谈"好豆"的价值理念和企业愿景。

杨荣波：我认为，每个企业都有自己的使命。我们的使命是：希望通过互联网服务提升人们的幸福感。同时我们有着一套完整的企业文化，我们的价值观是：心诚则灵——工作诚恳、生活诚朴、待人诚挚、做人诚实。我们强调美玉五德：一德，温润，这是一种品格，即温良恭谦、宽厚质朴；二德，细密，这是一种品质，即细致严谨、审慎周密；三德，通透，这是一种品德，即阳光健康、光明磊落；四德，清脆，这是一种品性，即开放进取、坦诚互动；五德，坚实，这是一种品行，即坚定执着、专注踏实。我们以用户价值为导向，理解用户、满足用户、服务用户是我们的经营理念；创业、创新和变革是不变的追求；追求结果，享受过程；因为热爱，所以努力，是我们的工作信念；不做假、不内斗、充分信任员工；能力是基础，道德优先；有岗位之分，无等级之别；有职责分工，无地盘戒心；有补位意识，不观望等待，随时支援有需求的战友，是我们的行为准则。

我们的愿景是：成为最受用户喜爱的美食生活服务平台。通过不断倾听和满足用户需求，引导并超越用户需求，为用户提供超乎想象的产品体验；通过提升企业地位与品牌形象，使员工具有高度的企业荣誉感和自豪感，赢得员工尊敬；同时注重企业责任，关爱社会、回馈社会，最终赢得社会尊敬。

朱骁潇

"FitTime睿健时代"创始人及CEO。

16岁赴英国读高中，2012年于英国华威大学数学及商业本科毕业，同年放弃帝国理工研究生学业回国创业。他与合伙人董煜（青年导演，辍学与朱骁潇一起创业）共同开发了自主品牌的健身产品。2013年通过自媒体运营在三个月的时间内形成国内最大的健身社群，并引流至自主品牌"FitTime睿健时代"的网站，实现了百万元级的收入。随后得到了天使投资人徐小平等的投资。

互联网+健身

FitTime：睿健时代好健身

- 读研、创业与爱好的割舍与坚持
- 海外经历与独特的创业视角
- 人人网最火的一个相册
- 「FitTime」的来历
- 专注用户需求 降低健身门槛
- 健身与安全
- 打造专业健身团队
- 两次成功转型
- 从自筹资金到天使轮融资
- 注重用户运营
- 别出心裁 独具匠心
- 健康生活方式好品牌

FitTime睿健时代是一家借助"互联网+"先进的健身理念,从而改变中国健身格局的互联网公司,拥有中国最大、用户黏度最高、内容最优质的健身自媒体平台。FitTime有最受欢迎的原创视频,联手了顶级运动品牌Lululemon,邀请国际知名瑜伽大师倾力打造,上线后总播放量超过226万次。

2015年1月发布IOS版APP,与目前市场上绝大多数健身类APP不同的是,FitTime把健身类的垂直社区与视频类的教学工具巧妙地结合到了一个产品上,不仅为刚开始健身的用户降低了健身的门槛,也为爱好健身的人群提供了归属地。截至2015年7月31日,App拥有超过150万用户。

读研、创业与爱好的割舍

记　者：听说您在英国拿到了帝国大学研究生录取通知书,再读一年就可以研究生毕业,可您放弃了拿硕士文凭的机会,急着回国创业,开始了FitTime的健身革命。

朱骁潇：读研究生的事情是挺有意思的。当时读研是一年就可以结束的事,而且父母也觉得出国五年花了不少钱,你为什么不把研究生读完呢?他们很看重文凭,而我从小是一个很有创业想法的人。我刚去英国就做过一些经营的事情。本科毕业时,我跟父母说,我不想读研究生了,想回来创业,我父亲就直接说,就剩一年了,你为什么不读完回来呢?

我是在国内读完高一才出国的。在读高一的时候,我的理科特别好、文科特别差,那个时候大家都在准备分科的事,都挺忙。而我每天放学去学"雅思",高一的时候雅思就考了6分,挺顺利的。之后,很自然地就出国了。我在国外读了两年的高中。从拿到雅思的成绩决定出国,到选好英国的那所高中花了19天时间。那个时候,我妈也很鼓励我,我也特别想去。我的执行力比较强,做事情也是那种不想错失机会的人。这个事情跟之后创业的决定很像,决定创业后,我一回到国内,就到广州、贵州看那些做蛋白粉的厂商,我们就开始调研市场,看这个成本是多少钱。调研一圈下来,跟我预想的差不多,我们很快就把这件事情做上了轨道。我觉得创业这个事情,前期需要有一个好的想法,第一步就是走出去看这个东西能不能实现。亲自做市场调研很重要。

现在我们公司最初的七位员工,不是我们的超级粉丝就是我们最好的兄弟,因为我们做的是一个爱好。健身本来是一个爱好,把它当做事业来做的时候,影响最多的也是这些健身爱好者。现在公司的一半人起码都是忠实的粉丝,他们都是国内一流和国外一流的大学毕业生,他们中有一部分人虽然没有太多工作经验,但是一直跟着我们一路走过来,是跟着公司一同成长起来的。

海外经历与独特的创业视角

记　　者:海外经历对您的创业思维方式有什么影响?
朱晓潇:我去海外的时候,1.8米的个子,65公斤,喜欢打篮球。在跟他们打篮球时,才发现身体的素质完全不是一个level的。这对我打击挺大,因为在国内,大家都是这样的体型,没有感觉到有落差。我父亲是医生,健身比我还早。我在英国读完第一年高中回来的时候,父亲就带我去健身了。那一年我的体重一下子长了20多斤,整个人看起来都不一样了。我在国外读高中的时候，有很多英国本土同学，也有很多俄罗斯、东欧同学，他们的身材都非常的棒，那个时候我的身材比现在的还好。在那个时候，一个中国人去国外读书，本身就不像在国内有安全感。在这种没有安全感的情况下，你可能会去寻求自信心。那个时候，我觉得用健身这种方式，去把自我塑造起来，是很适合自己的一件事情。健身给我带来的好处很大，在我跟外国人接触的时候，是健身在自我自信心的塑造方面，以及融入那帮英国朋友的过程中，让我受益很多。很多中国人过去会比较害羞一点，因为没有什么爱好能够跟外国人玩到一块儿。那个时候，健身房里的亚洲人特别少，就是有也基本上都是韩国人和新加坡人，中国人更少见。而我作为中国人跟他们玩得非常好，他们也很高兴，因为我们有一个共同的爱好。这是健身这个事对我的重大改变。

在国外读书的另一个经历对我的改变，是国外对品牌的认知态度。我在出国的时候，已经有人在国内做健康食品电商的品牌。但是国外呢，更重视渠道销售，记得有一个品牌打通了所有的健身房，让所有健身房的教练去售卖他们的产品。两年的时间，这个品牌的营业额每年达数十亿，但是后来发现，这个品牌的产品慢慢就没有人来买了。我发现，大家都不知道这个品牌的产品叫什么，大家也不知道为什么去吃这个东西。当时觉得教练推荐给我了，自己一时冲动就买了。我从中意识到，好的产品必须要教育客户，也必须让客户去认同它。这样，当竞争产品多的时候，品牌价值才是最高的一个壁垒。

还有一点比较重要。我在英国的三年中，读的那个系是 Mathematics and Business Studies（数学加商业管理），到后面学了一整年的商业管理下来，我总结了一句话——站在用户角度看事情。我觉得，国外教商业和国内教商业不太一样的地方是——customer focus（以客户为中心），国外的教学体现的是人与人之间的尊重，要站在对方角度去看待这件事情，这对我的价值观和人生观是一个影响。在这个思维的影响下，我在一回国就做这个事情的时候，很快就意识到了，和我差不多一个年纪的人，他们其实是不要健美的。他们喜欢看健身的东西，我们要做的是如何一步步地引导他们。这些经历和观念使我发生了很大的转变。

我们之所以拉到了第一轮的风投，是因为我们在人人网用了三个月的时间就做到了十多万粉丝，而当时国内最大的健身网站的粉丝数量还没有我们的一半多。我们当时用的一些方法，都是以一些技巧性的文案来宣传。比如，我们从国外找一些好的图片，从国内找一些好的图片，配以十几个字的非常经典的文案，去触动用户，让用户感受到那种激励、喜欢的感觉。所以那个时候，在用词方面都是比较"软"的，但是我们站在用户角度去考虑问题，能够知道用户一瞬间看到这个东西的感觉，所以现在我们自媒体团队去写每一篇微信文章的时候，几乎每个头条都是过十万的阅读量。自媒体这件事情是我们一点一点做起来的，我们现在的微信就有一百多万的用户。

现在来总结，就是：你必须站在用户角度，去模拟用户看这篇文章时的感受。用户的情绪是什么样的，会发生什么样的变化。用户看到标题的时候会有点赞的欲望，到了阅读30秒的时候感觉很轻松，产生继续阅读的欲望。在这些内容当中，可能还有视频跟进去，阅读量会更大，越到后面，可能支持他阅读下去的难度会越高。为此，我们的一篇文章的阅读时间控制在几分钟之内，这样，用户读起来不会疲惫。这些东西，我觉得不需要去用理论概括，学会站在用户角度去看待这件事情，一切都会变得简单。其实我一直在跟团队分享，站在用户的角度去看待问题是最重要的，这一点，我是从国外学过来的。

人人网最火的一个相册

记　者：您去了海外，又回到国内来做健康产业，是不是看到了国内的发展空间，或者在潜意识当中，您是希望通过您的力量能够使中国人强壮起来？

朱骁潇：对我来说的话，一定是带这个想法去做的。在国外，通常能看到通过健身带来的正能量——人都比较自信大方。回中国来之后，发现中国缺乏这种东西，所以我想通过健身这种方式去改变他们。

记　者：给别人带来正能量？

朱骁潇：尽自己的社会责任。当时我们的平台爆发点是什么，为什么中国人不去健身？因为中国人有很多误区。第一个，他们可能会质疑，觉得蛋白质、蛋白粉是不是不好？第二个，有人觉得，女孩子去健身房一练器材，就变得与男人一样的壮。第三个，很多人会认为，中国人不可能像欧美人那样，身材那么好。所以做这种事情，你跟他们谈理论是没有用的，只有拿出实例才能让他们信服。我们就通过一系列科学方法去解答这些问题。

在2014年初的时候，第一次收到一个粉丝的投稿，这个女孩子身材非常漂亮，她上传一篇文章给我们，讲述她是怎么健身的。那个时候，我们在人人网上才几千粉丝，这篇文章拿出来第一天，就涨了7000粉丝。这对我们来说是非常震撼的。我们意识到，不管是正能量也好，还是什么也好，要产生一个共鸣，你得让他相信这个事情，然后自己去身体力行地用实践证明。当大家发现这种改变的例子，就发邮件给我们。从此之后，我们的邮箱就爆了。为什么FitTime跟竞争对手比，我们的年轻用户数量是最高的？因为我们是第一个拿到大量真实案例的品牌。

我们当时在人人网做了三个相册：第一个相册叫做Kiss

My Abs，是专门给女孩子来秀腹肌的；第二个叫做Do you even lift（反问式方法问你，你真有健身吗？），这里面全部只收纳身材最好的男性；第三个相册，我们叫做Body Transformation（身材变形记），你必须上传两张图片，健身前和健身后的对比。

这三个相册，是一年来在人人网最火的一个相册，然后我们不停地更新这三个相册，这可能是我们企业最初想要表达的一种感觉。

记　者：就是把一个见得到的美给它表现出来？

朱骁潇：是的。

"FitTime"的来历

记　者：当时为什么要起这个名字？

朱骁潇：我得从更早的情况讲起了——最早创业的这个点。2007年到2012年，我在英国读书，读的是高中和本科。2012年毕业回来时，拉联合创始人董煜一起创业。我毕业早，而他当时是辍学跟我一起干的。我们俩上大学时，经常会讨论一些有关创业的事情。上大学的时候，我就挺喜欢健身，而且关注欧美的一些健身行业，看它们是怎样发展的。大学毕业后，我也拿到了帝国大学研究生录取通知书，读的那个系是Innovation, Entrepreneurship and Management，用中文讲，就是创业管理之类的专业。从这个专业的名称，也能看出我的择业意向。当时我就想回来试一下，所以就跟董煜一起，筹备几十万的启动资金，去尝试做这一件事情。创业之初，最早想做那些赚钱的事，比如做一些健身爱好者想吃的一些营养品，像蛋白粉之类的，我们想做一个补剂的电商平台。

关于起名字就比较有意思了。之前我在欧美看很多的品牌，他们会直接跟着食品、蛋白质、健身、健美这些专业词挂钩。而在中国，当时我在国内百度上去搜"健身"两个字，会跳出一堆健美的贴吧和论坛，我发现他们的流量都特别特别的低。我自己也很清楚地意识到，三年前"健身"这个词都还没被国人熟悉，就更别说"健美"了，所以"健美"不是一个大众所熟悉和认可的运动。那个时候，我们把fitness和bodybuilding（健身和健美）两个词严格区分，然后我们明确地决定要做的事情就是"健身"。所以，我想围绕"Fit"想一个英文名。在国外，品牌的打造是非常重要的，品牌的成功直接影响着公司的成功，所以在中国我也想去做一个比较好的品牌。我们花了差不多三四个月的时间去想这个名字。品牌名称如果冒出来一些特别难懂的词汇，它肯定不能在短期内被大众所熟知，不能成为叫出来顺口的牌子。于是，我们就想把"Fit"跟一个大家所熟悉的单词结合起来，这样就出来了"FitTime"这个概念，当时觉得叫起来也朗朗上口。之后，我们用"FitTime"去想一个中文名，由于最早想做的是食品方面，我们最初想起一个名字是以"维"字开头的，叫"维健时代"，我觉得还不错的，挺营养的感觉。到商标局一查，被一些医院给注册掉了。我们就继续找一些可以表现出健康力的词汇，比如"三足鼎立"的那个"鼎"字，"鼎健时代"，后来也想出了"睿健时代"。取名字也不能太阳刚，因为事实证明，我们60%的用户都是女性用户，最终我们选择了"睿健时代"这个词。其实这个"睿"字挺有争议的，因为比较难写，我们在融天使轮，跟徐小平老师沟通的时候，以及后面A轮一开始跟雷军老师路演的时候，他们也都提出来了，"睿"这个中文字太复杂了。后来我们觉得用户比较熟悉这个东西，因为用户的文化水平比较高，这就不是个问题了。所以，"睿健时代"这个名称就一直延用了下去。在讲"睿健时代"这个名称的时候，还需要再带一些颜色，我们在选择企业颜色时也是做了一番思考。我们当时看了欧美非常多的健身题材，大多带有健康的那种绿色的感觉，这种颜色也出现在一些食品的牌子、运动版块上，因此，我们后来就采用了这个颜色，我们叫它"睿键蓝"，包括我们的LOGO，我们所有的网站主色调都是以这个蓝色为基准，我们觉得这是一个比较带有运动色彩又比较宁静的一个颜色。

专注于用户需求　降低健身门槛

记　者：现在咱们产品的核心是哪几大块？

朱骁潇：我们现在主要有三个业务线。

  第一条是自媒体方面的。因为我们是国内最大的自媒体，基本上来说，我们对于健身方面的宣传力度是最大的。经过几年的积累，非常多的国内健身爱好者都想看我们这方面的资讯，所以说自媒体是我们在资讯方面的一个优势。

  第二条是移动互联网手机软件。现在我们这个手机软件差不多是400万的用户注册量，每天有几十万人的活跃量，而我们这个软件承载着中国一批身材最好的男男女女，他们在上面晒图、发文章、用我们的课程，他们非常熟悉这个平台，也非常喜欢在这里分享自己的生活。

  第三条业务线，目前是我们不太向外公布的商业化这块。我们其实在做一些在线教育和电商等尝试，2015年9月份才开始做，10月份到现在已经有一个过百万的营收了。这个速度做得非常快。

  我们对未来战略是有一个规划的。我们发现，中国健身之所以不普及，是因为健身门槛太高。在北京，你说要去健身房，基本上均价是3000元。你花3000块钱去办张卡，还得请教练。而现在请教练基本上是300元一课时，10节课起授，这样又是3000块钱。在中国20岁出头的上班族或者是大学生群体，是不能一下子掏出这么多钱去健身的。所以，我们认为门槛高，导致了大量的中国人没有接触健身的机会，也觉得健身是一个有钱人才玩儿的事情。那么，我们想做的事情就是把这个门槛降低。所以，我们从互联网发这些健身训练的免费视频，甚至我们开发家用的健身视频。目前我们总共有上百套视频，结合我们这样免费的手机软件，不管你是在家里还是在健身房都可以用。这样一来，我们就把健身降到了零门槛。你在家里面只要跟着视频坚持练习，你就可以改变自己的身材了。在家里面，可以教你一些动作，女孩子可以练出翘臀，也可以把腹肌练好，这些都可以改变身材。

再往后的话，我们相信健身这个事情，基本上还是要伴随着消费的。那么，你的消费不可能从零门槛又跳到5000元到6000元来，一定是一节一节上升的。所以，我们现在刚开始做商业化的尝试，现在定位是一个月1000元，相当于一个月三节私教课的费用，但是我们可以帮你减肥5—10斤。这样子的一个服务，已经差不多服务了上千个用户，成功率在85%以上。因为减肥这件事，从头到尾都是有一个科学逻辑的，问题是看你能不能把这个事情做好。你真想让一个人又运动又吃得科学，基本只有两条路：要不24小时盯着他，要不想办法去从另一个宏观的角度让他去接受这个理念，改变他的生活方式。所以，我们这个服务是完全在线的、微信教学的，是完全不需要去找健身教练的。即便你去找健身教练，跟教练说我想瘦，教练可以在一小时之内带你疯狂运动；而一离开他，你吃一包薯片，所有的热量又回来了。这样，所有的努力就都白费了。

在我们这个服务范围内，我们是帮助用户去建立这样一个健身习惯，去形成一个健康的生活方式，以后他不管看到什么食物，自己就明白能不能吃。现在做的这个服务，是我们商业化的一个开始，到后面，随着用户对身材标准的要求越来越高，直到把健身作为一个生活方式的时候，我们的健身理念就算成功普及了。在这个意义上来讲，我们从来不把健身说成是一个体育运动，但凡有投资人说你这个体育项目是怎么的，我们就觉得他跟我们的理念不太一样。我们一直认为，健身是一种生活方式，未来你不一定要去健身房，不一定要去推那些器材，你只有吃得健康，你只有知道什么是健康的生活方式，你只有知道什么样的运动比较合理，那么我们认为这就叫懂健身了。

在这种层面上，会有各种各样的消费，你可能穿得比较运动一些，身材越好的越喜欢显摆，特别是女孩子。比如，我们公司的女同事，天天在网上买各种运动文胸。随着人们希望生活得越来越健康，人们吃的东西自然就会开始追求健康了，而人们在娱乐方面的花销也就会偏向于户外运动。我们就是往这方面发展。我们把门槛降低，让更多人来接触健身，当然其中会有一部分人退出，但是那些剩下的人，他（她）们潜藏有很大的产品和服务需求。

所以说，我们手上这三条业务线是一个过渡的阶段，最早做自媒体是利用别人平台做，对于我们公司来说也是门槛的事情，公司要一步一步发展。当时开发手机软件，产品、技术、设计等都要跟上，对于我们公司是有一定门槛的，但对用户来说，免费的软件随便就可以下一个，就没有门槛了。到如今，我们有专业的团队去服务这样的用户，要收取一定的费用，但这比去健身房便宜多了。再往后面，我们会一步步地增加服务内容、扩展服务品质、降低服务成本，我们理想的状态是，在两年以后，那个时候你去健身，你不一定要花五六千了，你不一定被健身房绑定，你的教练不仅会更好，也不会那么贵，因为有我们FitTime存在，我们要降低健身的门槛。这些事情都是我们想做的事情，是我们整个公司的一个战略规划。

健身安全与健身效果

记　者：谈到锻炼的方式，它就有可能受伤，健身房的存在，它在很大程度上解决了这个问题。由于健身让一些人会联想到受伤的问题，你是怎么解决它的？

朱骁潇：但凡运动都会受伤。我小时候因为打篮球还骨折过。我觉得，运动一定是伴随着受伤的，有一定风险。但对于我们来说，如果选择去健身房练那些大型健身器材的话，那么我们会有一套建议，可以帮助你避免受伤。坦白地说，有健身教练当然更好，因为教练会告诉你，怎么做运动更安全更有效果，他也会在旁边保护你。但问题是，我们认为中国的教练很多，真正合格的并不多，我们的在线教学的教学效果会远高于健身房教练的平均水平。为什么呢？你会发现，去健身房消费五六千是一个高消费的服务，因此去健身房可以说都是白领或者收入特别高的人，但为什么健身房要卖卡，采取发传单模式销售？说明这个行业是非常落后的，无法以高质量的服务水平来进行口碑营销，更没有创新的营销方式来推广健身服务。落后行业的从业人员也就比较落后，职业水平参差不齐，很难将服务标准化，也很难去将落后的教练队伍培训出来。

据我们了解，之前也有很多教练是退下来的专业运动员，他们的文化水平比较低，也有那些大专院校的体校毕业生，知识结构也比较有局限。据说，国内的教练大多不懂营养，他们只会带你疯狂地练，他们不会告诉你营养是什么，到底怎么吃蛋白质，他们也不清楚。

第二个是，我们的做法是用手机软件、用在线的这种方式去教育用户。在线教学没有面对面的教学方式直接,我们却可以化劣势为优势。有些教练教的动作风险是非常高的,我们把教学视频的质量提到一个非常高的高度,在拍摄视频时,我们用三个机位去同时拍一个动作,多视角的展示方式能告诉你,身体的关节在做动作的时候应该怎么转动,做这个动作怎么是最安全的。所以,我觉得每个人都要因人而异地去做一些适合自己的事情。这是我们在专业方面对用户去做的一些服务,当然我们尽可能避免去教他们一些危险的动作。

上述两个方面,决定了我们目前的互联网健身教育,不仅总体健身技术能够保持较高且稳定的水平,而且健身安全的教育效果也能够保持稳定的状态。

将来如果我们也能做带O2O模式的项目时,也许我们手上已经有了上万个资质比较好的教练,他们会到用户面前去提供更安全、更有效的服务。

打造专业健身团队

记　者:我想请您在专业方面多谈一下,大众需要真实的、有具体行动力的信息,比如做了哪些事会对我运动上起到保护作用?同时,哪些方面能够证明您专业?

朱骁潇:我通过几个方面来讲,我们跟很多做健身互联网的公司不太一样。

首先,我们自己有一个专门的研发部门,现在负责我们这个部门的是一个中国政法大学的毕业生,他虽然读的是国际政治专业,但他非常早就接触了健身方面非常专业的知识,现在他跟健身行业里最专业的一批教练在互相学习。而他的搭档——之前在英国留学——就是健身专业毕业的。我们在招人时,都是选用比较专业的人士,由他们来为我们的研发部门把关。

第二，我们最初期的时候，是通过翻译国外的文献去开展用户指导的，到了现在才发现中国人特别的一些地方，比如中国人久坐，很容易造成体型的变化，而外国人的体型就与我们不太一样。于是，针对体型的差异，我们去做一些针对性的解决方案。

在做这件事情的时候，我们有两个方向，第一个是，我们自己去研究，依靠我们自己团队的专业性把控这个可行性；第二个是，请行业里最强的人来做指导。

两次成功转型

记　者：你们两个合伙人，有经历过快经营不下去的时期吗？

朱骁潇：当然有，甚至两个月前都有。那个时候正好准备B轮融资，我觉得应该在两个月内就搞定了，可资本市场突然就冷了。当时有意向投我们的那个基金可能有变化，而在那个时间点，基金支持的变化对我们是很危险的，因为我们当时没有任何收入。公司50多个人正如跑道上健步如飞的运动员精神饱满、浩浩荡荡地奔跑时，可以设想，此时资金断裂会是一个什么样的情况。之前的付出，好不容易开辟出来的疆土，都可能因此前功尽弃，在那个时间点毁于一旦！

还好，一路走来，我们融资特别顺利，每一轮都是投资人抢着投我们。因而在这样的危险节点，我们比较顺利地度了过去。

2014年年底之后，我们搬到北京。之前我们在无锡，很难找到合适的技术人才，我们选定北京望京SOHO，就是为招用高质量的技术人才。2015年的一整年，我们都在产品技术方面不断地摔跤、站起来，再摔跤、再站起来。我们踩过太多这方面的坑了，但是这个经历对我们来说特别特别宝贵。我相信，只有蹚过坑留下来的人，才能跟你去做一些比较成功的事。

我也裁了很多人，包括我的朋友，这其实是我这辈子最不愿意做的事情，但是没办法，我只能说："你离开以后我们还是朋友，但是你必须得离开，因为你已经跟不上公司的节奏了。"我觉得一个公司一定要摒弃自己的弱点，带着公司往最好的方向去发展。我见过身边非常熟知的公司突然之间就倒了下来，这个事情对我的触动非常大、非常深。

我们公司是在做一件比较踏实、有益的事情，绝对是不可以倒下去的。当我们宣布上一轮资金链紧张的时候，当时所有的同事都留了下来。我说："再过四个月，公司因为资金问题可能得挂了，你们要是决定留下来的话，起码能看清楚这个公司是怎么挂的。"这是当时我说的最惨烈的话，这对公司的考验是非常非常大的。但我们又反败为胜了。现在，所有的一切都很顺利。

我觉得任何公司一定要转型，你如果成功转型，很有可能进入一个快速的发展阶段。在这个意义上说，我们发生了两次转型。第一次，是从自媒体到移动互联网。这一转型是必须要进行的，当时我们有一些处于自媒体阶段的竞争对手，他们现在全倒掉了。现在到了移动互联网阶段，我们又多了一批新的竞争对手，有特别强的，也有专门针对我们自己的，那么在这些关系中间，转型这经历既是必备的，更是必要的。你迟早是要走这一步的。直到一两个月后，我们又进行了一次转型，这一次转型是非常成功的，我们一下子将公司的经营理念、管理上了一个台阶，公司也快速发展了起来。回过头来想，我觉得这里面的很多东西还是很有意义的。

记　者：第二次转型是什么样的呢？

朱骁潇：从线上到线下的转型。我们现在虽然做的是一个在线教育的事情,在线上对话,其实跟线下对话是一模一样的。这涉及你对人员的管理,而且这个管理更困难,因为它涉及的是一个远程管理的问题——发生在线上,且没有了地域的限制。虽然它发生在线上,但是整个服务跟以往的线下是一模一样的,它无非就是把诸如线下新东方的模式搬到网上、微信上来,所以我觉得我们现在的做法其实就是从线上转到线下。而且,我一直认为,做电商这个事情,最考验我的还是跟供货商的谈判能力,我对销售渠道的把控,我对用户的宣传能力。它真正考验我的,其实跟以往做实体没有太大的区别,只不过有的方式发生了变化。所以我们现在做的事情,无非是利用互联网来加速、提高效率罢了。

从自筹资金到天使轮融资

记　者: 您的第一轮融资是个什么样的情况,前期找来的钱是融来的,还是自己拿出来的?

朱晓潇: 最早是自己拿的,差不多筹了五六十万,这批钱还没花完,就来了新的资金。第一笔钱,是父母给的,因为自己没钱。对我来说,年轻人创业,应该利用身边的资源,我从来不认为这是一件坏事情,反倒觉得这是一件好事情。身边一些人,他们很刻意地避免用家里的钱和资源,但我觉得,既然你要认定做这件事情是好的、有益的、有意义的,你就一定要用最快速的方法把它做好,而找身边的人,是最省时间的。

　　天使融资的情况就是这样。我回国本来是想做电商的,当时我们做成了,而且赚钱了,那个时候投资人找到了我们,我们当时只有一个目标——扩大用户量。如果扩大用户量的同时还卖着一些食品的话,你是很难去真正扩大你的用户的。因此,我们在来了资金之后就把电商砍掉了。当时有天使人看到我们这块儿做得好，就主动找到我们，后来跟徐老师见了一面，他当场决定投我们。

记　　者：当初他看到了您什么，是盈利模式还是市场？

朱骁潇：他希望我不要盈利。他觉得，我们这个团队是这个行业真正的爱好者，我们对这个行业的看法还是挺OK的。我觉得，他也不看别的，就看你创始人到底好不好，他在和我们接触后，觉得我们是可以做这个事情的。

注重用户运营

记　　者：刚创业的时候，在互联网环境下，是做客户量的容易吸引到投资，还是做电商的容易吸收到投资？

朱骁潇：我觉得，即使到今天，客户量还是有优势的，但问题是，创业太复杂，太多人太容易去做用户的数据了，这点我们是很清楚的。我们有竞争对手，把用户数据做得非常漂亮，融了比我们更多的钱。我们假如十分钟能够产生上千张图片，但是在它的社区里面，它可能一整天才产生一千张图片，所以这是有明显的数量上的差距的，但是它的用户量仍然可以是我们的五倍。这不是我们想做的，也不愿朝这个方面去费力。我相信，移动互联网不可能再那样继续融资了。现在很多的投资人也冷静下来，他们开始明白，一家公司好不好，用户量不是最根本的问题，最根本的是未来能不能为投资人和股东赚到钱。

健身这个行业，不是说你有很多用户才有效益。万一这个用户在我们这里看免费的东西，跑去另一家公司消费，那我们就没有存在的意义了，未来一定落得被人收购的局面。

我们以前也是很盲目地做用户，最后发现，不仅老用户不断流失，就是新用户也都走了，留存率并不高。后来一想，这个事情没有太大的意义，不如拿一些真正有可能跟着你走下去的用户，这才是最重要的。

记　　者：比如，你现在的微信有这么大量的用户，是什么在吸引他们，是图片、简短的文字的表现形式，还是其他？

朱骁潇：最早的时候（即人人网阶段），我们的策略是图片加文字。到了微信阶段，我们搞长篇大论级的，第一个内容打的一定是事实热点，比如某位明星又跑马拉松又运动。另外，我们给一些好东西，我们给他一些课程，告诉他在家里怎么练，同时提供给饮食菜谱，让他明白如何才能吃得健康。

记　　者：借事来宣传，这点大家都在用，为什么您用得这么好？

朱骁潇：可能运气好是一个方面的因素吧。我觉得，创业中间，的确是有一部分靠你当时的一些灵感、运气的。而这点虽然很多人不愿意说出来，其实不少人都能感觉得到。我喜欢实话实说。

记　　者：有的人跟着事走了，其实那个事不是您的。实用性是一种元素，理念是一种元素，您是把这两种结合起来，还是偏重于什么？

朱骁潇：现阶段，我还是偏重于实用性，因为这是最靠谱的。至于理念，则是从头到尾都有，我觉得未来它的比重可能会越来越大，因为实用性做工具总有做到尽头的那一天。很有可能我把中国全部的健身动作都存到我的数据库里面，到了那个时候，肯定比的就不是实用性了，因为那个实用性已经到顶了。那个时候，就需要我们从怎样去提高服务和体验等各个方面的质量着想了。

记　　者：您现在的粉丝数量是多少，您预见在今后的一个阶段能够做到多少，还有一个就是中国的健身市场量有多大？

朱骁潇：我现在粉丝的总量差不多在500万左右，我们预计，2016年的时候，有可能达到1000万以上。如果把健身房的门槛降低，会有更多的人去健身。那个时候，健身房一定齐全，健身教练也一定齐全，那么用户一定是大体量的。所以，我说离这个目标也已经不远了，有可能两三年就会发生。在这之前，我也在储备大量的资金，未来如果健身房不够的时候，花钱去开嘛！至于教练，这个事情最有意思了，你很难快速培育出来，那么我们就想，也许到了大量用户进来的时候，这个行业会变得非常有前景。我们手上有上万个健身达人用户，都有非常好的商业模式给到他们，让他们可以在赚钱的同时，做自己爱做的事情，同时这个事情跟以往健身房做体力劳动的教练也不太一样，也许这是一个很有互联网O2O味道的商业模式呢，而市场随之会进一步拓展，到那时，三五千万的量就不是什么难题了。

别出心裁 独具匠心

记　者：你们做过什么比较经典的活动？

朱晓潇：2014年夏天，我们在上海包了一种叫Studio的工作室，一种大型的商业运营的健身房新形式。这个Studio工作室只有两百平米，它更看重教练本身的水平，因此没有大型器材。当时在上海，这是一个最好的工作室，一个地段非常酷的CBD的40层高的一个健身房。我们包了六周的时间。健身爱好者身材的改变，全靠教练手把手带，而且一般规模会一对一，或者一对五这样的。

　　包了Studio工作室之后，我们从微信平台选人，被我们选中的人，可以在这个健身房免费用六周的时间，我们想看六周时间学员们谁能把自己的身材改变得最明显。当时上千人报名，然后我们筛选出了非常有特点的客户出来。六周下来，这些人有了翻天覆地的变化。这个活动结束后，健身房的流量翻倍，分店开张。

　　还有一个活动，那是2015年4月，我们办了一个"大势健"。这个活动是在无锡办的,当时请了全中国基本上都是颜值特别高、身材特别完美、影响力最大的100个人,也可以说是身材最好的100个人。当时合作厂商,有做健康的,还有诸如Adidas这样做运动服的、健身器材的厂商等,大家都过去看我们这个活动。我们大家来搞这个活动,不想有任何商业的东西在里面,就是想找一个场地和活动,让爱好健身的这群人有个健身学习、交流、体验、展示的机会。当时活动办得非常成功。值得一提的一个插曲是,我们没有给任何一个人车费和住宿费,但是大家都踊跃报名,以至于名额供不应求。

记　　者:电商方面,现在你们主要卖哪几款产品?

朱骁潇:我们有很多合作伙伴,基本上是销售他们的产品,而且我们的产品目前没有单独去销售,而是绑定到服务里面去。比如说,你想减肥,我会直接给你寄一个套装过去,然后还会给你一套减肥的方案。我们的产品也可以绑定外卖,比如你想减肥,平常你又没办法吃得健康,那么这边会有一些食品,或者一些代餐,比如周边我帮你找一些做营养配送的,你去买。

健康生活方式好品牌

记　　者:品牌方面,您有什么规划呢?

朱骁潇:我觉得还是粉丝对我们的认可吧。未来的规划我觉得还是扩展知名度。我们不希望用户把我们当成体育品牌对待,而是他们希望过的一种健康生活方式。

从商业角度讲,这样有一个好处,做体育你永远是避免不了卖装备、卖服装之类的事情,而健康生活方式,你就可以切到更高的一个品位,可以切到饮食、产品等方面去,这是非常有价值和深度的。因为,如果你要想生活得健康,你就得天天购买有机的东西和健康的东西,你会经常买一些健康的肉食或者自己在家里面做菜，这里伴随着的是你的高品位的理念、消费和生活。当然，站在公司未来的规划角度，我们想去切更高品位的东西，而不仅仅是卖产品、商品。

记　　者：你们想要的品牌形象，已经实现了吗？

朱骁潇：我觉得形成了一半吧，大家对我们的认知是运动加营养，这是别人不一定做得到的，就像用户他们感觉吃得比较健康、比较丰盛时，就会自发地发图片，会晒自己的身材。所以，他们其实也觉得，他们可能也没有把它理解成一种生活方式，他们可能理解的是饮食加训练，很简单。但是从这两个维度出发，你要想让他们回到一个生活方式的维度上，我觉得还有大量的工作要做。

吴　峰

车轮互联CEO。

在校期间，创立第一个电子商务网站。毕业后进入一家国企工作。2006年，加盟游久网，出任总经理。2012年，创立车轮互联网。2015年，获评《互联网周刊》2015年度最佳产品领导力人物。Slogan：有车，就有车轮(Where is the wheel, Where is the way)。

互联网+车轮

车轮网：车文化的新未来

吴峰传奇
创业是件『平常事』
传奇性的以茶会友和融资概念
有所失才能有所得

构建车文化未来之路
产品之路
从资金和管理中见从容大气
平台构建新文化

网络空间命运共同体
从『互联互通』走向『互利互助』
为你新开一扇窗
社会进步的新未来

中国已经有上亿车主，还有更多的车迷、车粉。有关车的互联网公司，对车的关注往往大过了车主文化。而车轮互联，则从所有车主都回避不了的违章问题切入，不仅涉及车的方方面面，更把车主的所有关切和需要，引入进来，打造出一个不一样的车文化新未来。

车轮互联网2012年在上海创立，致力于打造车主掌上生活第一平台，是目前除BAT以外最大的移动端车主聚集平台。作为一家国内最大的移动端车主应用开发商和垂直汽车类的移动互联网公司，它专注于为车主提供基于移动端的一站式车生活服务，开发了车轮查违章、车轮考驾照、车轮社区等12款汽车类相关APP，目前用户超过2亿。其中，"车轮查违章"拥有1亿用户，是中国排名第一的查违章软件。曾稳居App Store免费总榜第一位长达15天，累计收获逾17万用户好评。"车轮考驾照"作为不可思议的互联网学车平台，成功帮助超过6000万学员，让学车变得简单。"车轮社区"致力于打造中国车主聚集地，推动正能量的汽车文化。

吴峰传奇

通过吴峰下面四个方面的理念，我们或许可以感觉出车轮互联的一些独特点来。

管理理念：管理科学更适合应用在成熟的大公司。针对车轮互联这类创业公司，更多的应该是无为而治。只要方向正确，可以不拘小节。

生活态度：做到极致，玩得疯狂。

人物评价：大智若愚。随和睿智。对数字极其敏感，对产品感觉敏锐，对产业发展预判精准。善于听取他人意见，不是独裁者。

经典语录：

每天多问自己一个问题，往往会有超出预期的收获。

办法总比问题多。

你怎么走出去不重要，重要的是你怎么走回来。

每天早起一小时，做完当日之要事。

创业是件平常事

记　　者：吴总，我们知道您大学期间就热衷互联网，一手搭建起校内电子商务平台。2006年初创立物换物网站"易贝网"，两个月内发展数万用户。同年加入游久网，担任陕西游久数码科技有限公司总经理。2012年创立车轮互联。作为互联网创业传奇人物，请您谈谈创业经验。

吴　　峰：创业可能没有大家平常所说的那么高大上，它本来就是每一个人都能做的事情。估计由于这两年比较火，所以觉得每个创业者都是有光环的、高大上的，实际上，我并不这样理解。打个比方，例如你不想上班，想在家里上淘宝开个店，那我也觉得是在创业，所以创业实际是跟着自己内心的一些想法和需要去做的一件事情。

我从大学就开始做一些小生意。2001年时还没有阿里巴巴、还没有淘宝网，我就在我们学校做了第一个电子商务网站，在这个网站里面卖电话卡、电脑配件，做了半年发现生意不好，因为那个时候电脑还没有普及，我走得快了、做得早了。当时我反思了一下，觉得在大学生群体里做电商，当时这么一个高大上的平台上去做生意，大家还不太能接受、还没有那么强烈的需求，但电话卡在那个时候是大学里的一个刚需的判断是正确的，不如我改变营销手段，在食堂、澡堂去贴一些海报，结果很受同学们的欢迎，电话卡销售得很好。通过这件事情我感觉到，创业一定要从实际出发，得找到产品所对应的真正需求，比如2001年和2002年，我实际上把我们学校的电话卡生意给垄断了，尤其是学校外面的都卖不出去，因为我这里比他便宜——50元的电话卡，我这边最便宜的时候能卖到44、43元，而外面卖48元。即使这么便宜，每个月我仍然还能赚几万块钱，对于当时的大学生来说，这是一个高额的财富数字。那个时候，我对创业有了最初的认识：只要你选对方向，然后努力去做，就会带给自己一份高额的财富。

记　者：您当时卖电话卡的进货渠道是怎么找到的，别人是不是可以同等价格和条件拿到，对普通创业者有借鉴意义吗？放在当下中国逐渐完善的商业体制下还有操作性吗？有没有拼爹什么的？

吴　峰：很多机会和渠道就在你眼前，就看你有没有胆量去把这层纸捅破了。具体来说，当时我们最开始的第一笔启动资金就是我们三个人的学费。我们没有拿它去交学费，而是用这两万块学费钱去储货，相应的成本就很低。随着时间的推移，逐渐和合作伙伴就建立了一个信任关系。当你的规模越来越大的时候，你拿货的价格就会越来越便宜，同时你也要不断去筛选合作伙伴，最开始是和二级经销商合作，拿到的价格稍微高点，慢慢地和省级经销商合作，就有可能更便宜了。商业可以就这么简单地用心去做即可成功。

记　者：您这样成功地淘到了第一桶金，那么第二桶金呢？

吴　峰：第二次是毕业后，我在一家大型国有企业待了不到半年就出来了，在国企我待得不舒服。我感觉我是天生比较爱折腾的，也天生不太按照常理去出牌。出来之后，我就做老本行，因为我是技术出身，帮人家做一些软件外包、网站开发，同时也代理做一些百度、3721网站的推广工作，做了一年半，自己有了一家小的公司，人员最多时达到三十多个人，但是后来发现不赚钱还感觉特别累，这与第一次创业不太一样。第一次创业很开心，天天玩，但是第二次特别累，我无时无刻不在考虑如何养活这三十多个人，这样下来觉得他们不是在为我打工，而是我在为他们打工，同时我还在为房东、各种各样的相关人员打工。此外，还牵涉各种利益链条，包括管理、回款之类的问题，所以当时觉得特别累。我每次创业都是拼尽全力的，但是为什么第二次创业不是那么成功？我就觉得最开始的选择出了问题。因为当时是在外包，所以选择非常重要，比如国内的马云，他最开始时帮别人做黄页，那么一个页面可能要收好几千，甚至上万块，但是在我2004年、2005年做生意时，当时的市场竞争形势已经发生了变化，比较有知名度的公司已加入进来，包括当时的慧聪国际、中企动力，实际是一模一样的网站，我这边有可能只会收三千到五千块钱，但是他这边会收五万到十万块钱，可是客户还是会选择他们，这就是说，市场变了。所以，在2006年年初，我对自己说不要当"农民"了，我说的"农民"是去做外包、去做客户服务，做这些事情，感觉就像挖红薯，无论太阳有多热、多晒，你都得去挖，然后挖到一个红薯往自己背篓里一放，但是你没有去分析这个红薯到底好不好吃、吃了到底会不会拉肚子，有可能反而放进来后收不到回款。我们就做过这样的事情，当时还给那些洗浴的老板做过网站，结果别人到我公司来闹事，这些都遇到过。因为当时没有选择，只能来者不拒，感觉自己像"农民"，非常辛苦。后来，我觉得不能再当"农民"了，我要把我种的庄稼和产品深加工，自己当厨师，烹饪出自己的一道菜。这就是我现在也在遵循的一个观点：我们不为某一个公司去服务，我们都是为用户、我们都是自己在烹饪这道菜。我们发现，你挖的红薯比如几毛钱一斤，如果放在一些好的酒店，稍加烹饪，一下子就可以卖到更高的价钱。2006年年初，我们认定自己不要做"农民"，要做"厨师"，要烹饪自己的一道菜，于是就做了国内第一批"以物换物"的网站。其实它就是一个概念，但在当时迅速得到各大媒体的报道，报道期间，网站的流量处于顶峰，突破十万次的访问量，这在当时来看还是件很自豪、很骄傲、很不可思议的事情呢。因为刚毕业，还从来没有见过这么多人来访问自己的网站，觉得很厉害，而且接踵来而的是很多投资人，从深圳、上海、北京飞到西安来见我，让我描绘所做的这么一个未来故事，到底是怎么去把"以物换物"的网站给做到变现啊，是用的一个什么样的商业模式……我给他们说了一些我的真实想法，最后的结果是，我没有拿到投资。

  2005年有一个曲别针换别墅的故事。所以借着那种风，我的网站起来了，但它没有盈利模式，唯一的盈利模式就是广告。以物换物是一阵风，它能成为一个常态的需求吗？这个有可能非常难做到，你能保证每天有十万人在访问你的网站吗？即使每天有十万人在访问你的网站，那么你确定这十万人还会不断增长吗？你有一条足够长的跑道吗？这个问题，当时我实际上完全没有去考虑过、去想过，但就靠着这些想法去做了，还成功了。这次不成功的成功创业，让我收获的是，有很多人知道了我，尤其是在西安，知道我的人很多。

记 者：看来第二桶金与第一桶，有很大的不同，它带来了什么不同的结果呢？

吴 峰：因为没有人投资进来，2006年下半年，我只好关闭了这个网站。此后，我的公司和游久网合并，实际上是游久网把我公司当时优秀的几个人请过去和他们去做游久网，游久网做的时间比较长，游戏当时比较赚钱。我认为游戏是比较简单的，不仅流量可以赚钱，而且游戏本身也能赚钱，所以这也是从2006年做游久网之后发现，还是要找到本来存在的一个商业模式。游久网后来被360收购，我当时有一点点功成身退之感，所以当时我跟大股东说，有可能我去做另一件事。但是2006年到2012

年，这六七年之间经历了很多，很多和我们同一时期成长的创业者都销声匿迹了，为什么游久最终能做到上市？我觉得还是两个字："坚持"。这中间，超过两次以上我们发不起工资，我和我的合作人，都有过卖车、卖房的经历，因为我们想要把这个事业持续地做下去。

  2006年到2012年，我从中学会了很多。2009年开始，我是做游久网的总经理，学到了更多与人打交道的知识和经验，开始认识到企业要想取得大发展，不能仅靠一个人。虽然之前的小打小闹，有可能一个人可以做成一件事，但做不成一个事业。一个大的事业是需要各方面人才的协助共同去完成的。当时，游久网已经是二百多人的规模了，因此，从管理这个团队中我得到了管理方面的成长。

记 者：*放弃游戏，您想做什么？*

吴 峰：时间到了2012年底。首先，我发现自己玩不动游戏，兴趣已不在游戏上面了。特别是我心中的游戏正慢慢地在变样。虽然从小到大，我都喜欢玩游戏，在游久网也经历了很开心的一段时期，觉得游戏就是自己的工作，工作和生活没有分开，因为热爱这东西嘛。但慢慢地，特别是到了2012年，我明显发现自己心中的游戏有可能是偏重度的，甚至是小时候玩的那种很重性的游戏。而页游、手游啊这些游戏越来越轻量了，因为玩游戏的人越来越年轻，有可能我会与之脱节，因为玩游戏的越来越多的是90后的，而我是80后，不是90后。

  游戏是一个纯互联网的生态，里面其实没有什么产品，它就是玩人性，玩一些虚拟的设计和玩法，所以就特别要求设计者有对人性的了解、对产品的了解，然后考虑怎么去让别人喜欢你做的这个虚拟的东西，让别人去充钱、去口播你这个东西……

  因为当时还年轻嘛，还没有满三十岁，我想去找另一条道，这样子就选择了汽车。

2012年年底时，我发现汽车行业也很好玩，好像汽车行业竞争还没有那么激烈，还是偏传统的，即使当年也有"汽车之家"，但我发现他们快十年了还是那么没有成熟的进步，比如，"汽车之家"十年前的首页有可能和现在的首页没有多大的变化，如果放在游戏行业，有可能就不存在了，因为页面已不知更新多少个版本了。汽车行业的这种相对比较慢的特点，可能是源自最上游的汽车制造厂，比方说，一款车型的推出需要几年时间。所以当时认为汽车行业产值比较大，天花板足够高，这条跑道足够长，同时里面的竞争对手，特别是互联网的竞争对手，好像还远不如游戏行业那么强。实际上，进来后才发现，竞争对手也很强，其实到2013、2014、2015年时，它已经是一个红海了。

当时选择汽车行业，就是出自对局势（包括对手）的这么一种判断，也包括了自己的一些爱好。

行业格局已经定了下来。流量在哪里哪个就是老大。你如果再去做一个产品，特别是从2015年开始后，我觉得你的产品很好，也必须得和手上有流量的大腕合作，但它给你提的条件还是不算太公平的（包括分成的一些比例）。

传奇性的以茶会友和融资概念

记　　者：2012年您离开了工作六年多的游戏公司，觉得自己该休息半年。年纪轻轻的这个决定就够让人惊奇的了，可一个月之后，您就确定了下一步发展方向——汽车服务应用。这么重大的决定，怎么这么快就作出了？

吴　　峰：决心进入汽车服务业有三个逻辑。第一，2012年时，我身边几乎所有人都开始用智能手机玩游戏，但没买车的人还是有很多,这将是一个巨大的增量市场。第二,通过将游久网与汽车信息网站汽车之家比较,我发现,汽车之家的流量比游久高两三倍,但公司收入却是游久的二三十倍,这将是一个拥有高变现能力的市场。第三,鉴于我的兴趣点转换了,我要为社会做更大的文化贡献。

打定主意要做汽车服务产品的我,提前结束了自己的假期。2012年8月,我来到了人才、钱和车的集散地上海,第一件事就是找合伙人。

寻找合伙人的方式也算有点传奇色彩吧,它就是——以茶会友。通过网络发帖,简要介绍了一下我的职业经历和产品规划,并告知未来一个月每天下午两点到九点,我都会在一间世博园区旁的茶馆里,等待潜在合伙人。在那间茶馆里,我用了十天时间,约见了几十个人,并最终选定三个人成为合伙人。我出任CEO,另三位分别任产品总监/联合创始人、设计总监和商务总监。

在茶馆里,我将公司未来发展分为三个阶段:第一步是做服务类工具,第二步是做交互社区,第三步是做O2O(线上到线下)。现在看来我认为自己当初的判断是准确的。

2012年9月,我在上海浦东注册了易点时空网络有限公司,11月,首款App产品"车轮查违章"上线,两个月后的2013年1月,产品的市场表现开始超出我们的预期,"车轮查违章"冲上了App Store免费总榜的第一名。这对于一个上线仅两个月的产品来说,堪称传奇。从那时起,朋友们开玩笑说:吴峰你被VC盯上了!上门寻求注资的越来越多。

记　者:绝大多数的创业者都对融资翘首以待,但你的名言却是:注意力不被融资分散。您如何看待融资?

吴　峰:2013年8月,易点时空拿到了腾讯联合创始人曾李青的千万级天使轮融资,仅仅过了五个月,2014年春节前,易点时空又完成了来自易车网数千万元的A轮融资。之后的融资也都比较顺利。我一直不想在研发产品之外付出太多精力，对融资也不例外，一直以来我都是被融资方推着在走。我定下一条规矩，车轮互联一旦决定开启融资窗口期，就会按照自己的流程走下去，除了研发和市场的核心团队，对其他部门设置的原则是：能外包的绝不自己做。公司按既定步骤走，计划都在心里，到现在，还有些融资款没有动过呢。

有所失才能有所得

记　者：当时是出于什么样的考虑，才作出创业的选择？您是辞职创业的一族，家里人支持吗？

吴　峰：是我工作方面的原因。我在西南交大读的大学，学的专业是计算机，偏软件工程，但我的第一份工作是做硬件的。因此挺有意思的是，我的第一份工作是在西安的一家军工厂，工作非常稳定，当我离职时，家人都是反对的，我爸都哭了（这是我妈后来对我说的），因为他们觉得这份工作是挺稳定的。

记　者：当时跟家人的这种冲突，最后是靠时间来磨平的还是在当时就解决掉了？

吴　峰：我认为还是靠时间，因为实际上自己刚刚毕业，和父亲是处于一种不同等级地位上的对话，没办法也没有能力去说服他们，何况这也是两代人的观念差异呢。

　　随着时间的推移，自己取得了一些成绩，他们也慢慢地觉得我跳出来创业反而会更好。我通过自己的方式，让他们去理解我，有可能我当面和他们说的时候搞不定、达不到我的目的，我就会给我父亲写长信，在信里描述我的想法，甚至我的梦想。所以，虽然我和我家里的人肯定会有冲突，但是一直以来面对自己各种各样的选择，家里和我没有太大的冲突。

因此，我也经常和一些朋友们去分享，我说家人是你最应该搞定的群体，如果家人搞不定，其他人更搞不定，因为他们那么爱你，他们其实是和你有一个同样的出发点，他们是充满爱为我们好的。

记　　者：您选择从后来成为上市公司这样的企业退出来自己二次创业，您是当时把股权卖了，还是上市之后才变的现？

吴　　峰：首先，我觉得我和公司的大股东一直有一个比较好的关系，同时，本来我在上一家公司持股的比例就很少，所以牵扯的影响其实不会那么大。虽然上家公司只有我和大股东两个人，但他是绝对控股的，我有的也只是那种个位数的股份。因为一起作战六七年，而且游久最困难的时候都在一起，所以说，有可能除了上下级的关系、大股东和小股东的关系，我觉得还会有一些情分在里面。当时我走的时候，双方达成了一个比较好的私下解决方案。当然了，因为那个时候还是2012年（游久网是2014年上市的），游久网的价值还没有极大化，对我个人本身、对我之前的积累也是没有极大化的。每一个选择，有所失才能有所得。

构建车文化未来之路

产品之路

记　　者：一个传统的行业，周期比较长，大家容易知道它在干什么，而互联网的企业，很多人不是很清楚它在干什么。请您介绍一下，车轮互联的产品核心是什么？

吴　　峰：有可能一开始连创始人你自己也不知道为何突然做成了这件事。三个月、半年之内发生的事情，他都有可能预见不到。我们也可以这样看，比如滴滴打车，这两年一下子爆发了，一年之前，滴滴打车创始人，他知道一年之后的今天吗？两年之前呢？他有过的只是很初步的概念或者设想，但是他能想到他这一步步怎么起来的吗？所以说，实际上是企业发展自身的要求，比如，在我们公司有个大字"快"，主要是变化快，我经常和同事们说的是，计划赶不上变化。我最开始做这个企业时，只有在非常远的地方设置了一个目标，或者说是自己的一个落脚点、一个志向，只要在这个过程中，我保持我的大方向，我只要面朝这个方向，那么有可能我在今天这个点和我原来看到的点，还相隔十万八千里，这十万八千里的路程里面，到底哪些地方是坑、哪些地方是河，中途的坑坑洼洼你实际上根本不知道，我只能看到最终的那个目标。有可能每个人的眼界不同，看到的东西也不同，但一定要保证前进的大方向不变。

记　者： 核心产品，您能从构架的角度介绍一下吗？

吴　峰： 其实说简单一点，我们之前花了三年时间，当然包括搞研发和组建团队，形成了目前公司这样一个基本产品和架构。我有一套在移动互联网上用极低成本获得用户即车主这样的能力，这就是我们的核心竞争力。我获得了数以亿计车主的信息之后，这些数据反过来又会成为我的另一种核心计算能力，包括车主的大数据。

记　者： 这个谁违章了谁没违章的数据，你们是通过公众平台取得的还是渠道取得的？

吴　峰： 国家在推行智慧城市建设，也是希望把更多的信息推荐给公众，以期对公众有所帮助。实际上，我们近一两年也经过很多过程，曾经也有过采购，最后我们选的还是和国家平台对接的方式。

记　者： 是单独的对接，还是直接拿过来用？

吴　峰： 直接拿过来用，因为这样最快。怎么快，怎么来。首先是我不去碰国家的一些东西，我只是把这个信息在不修改的情况下，通过用户的手机访问，让用户的手机去呈现。

记　者：在车轮互联的这个平台上，咱们的产品有什么样的迭代节点？因为您也说了几个月或者半年它可能就会有一个变化。

吴　峰：我觉得快到难以想象，举一个实际的例子。刚才我们说汽车行业一款车的迭代要好几年，但我告诉大家，2013年我们公司只有二十多个人时，一共上线了十二款产品，分两个平台（安卓和IOS），大小版本迭代超过一百次。

从资金和管理中见从容大气

记　者：从公司资金这一块儿来看，你们最早是怎么起步的？

吴　峰：之前我们是做游戏的，怎么会做汽车呢？感觉好像是八杆子都打不着的，但我还是坚定了自己的这个想法，于是说干就干。在2012年的时候，有可能你跨行不是那么好拿钱，2014年你可能会更好拿钱。当时，我和我的小伙伴们筹了几百万的现金来做这个事情，后面在做的过程当中，因为投资方的眼睛也是雪亮的，逐渐地他们也就发现了我们，我们前面的几轮都是资本市场推着我们在走，因为我们都属于比较懒的那种，前几轮甚至我们没有商业计划书，我们就这样过来了，连续做了四年。

记　者：那么，之后的资金融入，是看好你们的什么？

吴　峰：看团队，因为所有的投资人都异常看好我们现在的团队，他们对我们的团队打分都非常高。在经历过这一波泡沫后，大家发现烧钱的玩法有可能是行不通了，反而是一门生意那样的玩法逐渐浮出水面。我想给大家说的是，车轮已经是赚钱的了，我们已经实现了一个正向的现金流，那么对应的，一些烧钱的公司就完全不一样了。因此，我随时进可攻退可守，我之前历次拿到的投资款，基本上没怎么用，那么对应的话，在这个市场被低估的时候，实际上我就可以跑马圈地，我可以大刀阔斧去做对应圈地的工作，但我自认为不是一个投机的人，我是为整个团队的成功负责。我的事业每一次都要比前一次更加成功，对应的还是个尺度的问题，什么时候该投机，什么时候该踏踏实实工作去做赚钱的生意，再加上我之前的历次创业，也经历过没有钱的时候，那么我时刻要知道，盈利能力是一个重要的指标，只要是风口，你先别去弄这些东西，如果你飞上了天，一定要有根线拽着你。

记　　者：那您在团队建设当中，企业文化主要突出什么？对于员工跟员工之间、员工跟上下级之间、员工跟社会之间的关系，是怎么营造的？

吴　　峰：你如果在我们公司待上一两周的话，就能够感觉到我们公司人与人之间是平等的、比较随意的，每个人都超级忙，但是他们实际都是为了公司真正的发展。我觉得一大半同事，不仅仅把这当成一份工作，感觉都像自己人一样，甚至于你会想，他们是不是老板亲戚啊？！

记　　者：您激励员工的好方法？

吴　　峰：主要有两点。第一点，要想构建某一种文化，创始者本人一定要以身作则，你要他们把公司当成自己的家，那么你自己就不要去破坏这个家；第二点，你不要过度地去管理、去设定一些条条框框，所有的条条框框都是基于老板而派生出来的，因为他担心这个出问题那个出问题，所以才用各种条条框框去约束人们的思维和行为，但是所有的人都不笨，尤其现在的年轻人特别崇尚自由，结果呢，一定是有上有政策、下有对策。你再完善的一些规章制度，就包括各国法律实际都不那么完善，更别说你公司出的某一项制度了。因此，首先我这边要求，能不出规定就尽量不出规定，然后同时一定要避免过度管理。作为创始人，一定要保障公司的高速发展，这比任何管理都更有效。人们处在高速发展过程中，自然就没有那么多别的想法，因为他怕掉队，所以，主要是发展而不是管理在规范、引领员工。

平台构建新文化

记　者： 请您讲一下那些抉择性的、惊心动魄的、经典的故事？

吴　峰： 其实故事很多，但是我可以跟大家分享下刚才提到的惊心动魄。为什么要惊心动魄呢？因为谁也不知道下一秒会发生什么，比如发射火箭，有可能我们工作没日没夜，在各自环节的每个人的努力之下，终于迎来了火箭发射这一时刻，直到发射之前、直到你按了倒计时的开关的发射按钮，从10倒数到0发射，都没有谁能知道到底这个火箭是发射成功还是发射失败。这时成功了，就是惊心动魄，因此那十秒钟或者前一两天是不是惊心动魄？一定是惊心动魄，因为有那么多人的汗水付出！

现在，我更崇尚的是一套快速迭代的方法。最开始的时候，我们不适用发射火箭的方法去决定，甚至最开始我们没有想清楚，只是远远看到那个比较大的目标，有可能三个月、六个月都没有想清楚，用最低成本的方式去做，这就是为什么2013年上线了十一款产品的原因。我比别人开发的快，通过这种方式凸显我的特色和优势，最后选择了两款产品来作为主营业务，也就是说我排除了九款产品，这九款产品可能有各种各样的缺陷或者是市场的缺陷，但通过不断去试做的方法，才会发现达成最终目标的真正有效的方式。就刚刚你也提到的违章来说，按照传统的方式，我有可能要先和三百多个交管局谈成对应的合作，那我一定是怎么简单就怎么来，小范围地去试做。

这就是我对惊心动魄的理解，以及我对小步快跑、计划赶不上变化的一个理解。

记　者：您现在有几个板块？板块是在摸索阶段，还是已经摸索出经验之后的成熟的推广阶段？

吴　峰：如果说公司比较大的方向和战略的话，实际上在2013年到2015年之间，我们已经打了一个比较漂亮的工具仗。通过我们的工具，用极低的成本方式获得了一个大量的车族用户，这是这三年打的第一仗。然后在第二年也就是2013年底时，我已经在规划我们的第二仗，那就是一个平台、一个社区的构建，我要把我的工具用户更好地转化成黏度质量更高的社区用户。因为我们也可以看到很多其他的工具，有可能他们的用户比我还多，因此用户多并不构成我们的核心优势、竞争力。

你看到每个人都喝水，却没有水友会；每个人都玩笔记本，我们看到笔记会比较少。而车友这个群体，它先天是具备抱团天性的，车主不仅有车而且容易抱团成群，这样就形成了一个惯例：有车就有车友会。这对于我把"车轮违章"从工具转成车友会、转成社区，难度就会大大降低。

记　者：您是一直比较精准地看到了一个捷径，这是您经验的判断还是您团队一直在寻找的东西？

吴　峰：其实很多是来自之以前的小经验，之前有可能摸爬滚打经历了很多很多，但更多的是来自于现在的这一群同事，大家不断去尝试，甚至有时是用户在推着我们做。就比如我们为什么会做社区？因为很多用户他不光是有查违章的需要，他实际也有看资讯、对汽车相关问题求解的需要，那么承载资讯、承载问答的更好平台，肯定是社区了。但在迈向社区转化的道路上，我们遇到了各种各样的困难。现在这种社群，除了在网上包括车友会之外，线下也有这样的团队在做这方面的工作，但都不是我们专职的团队，而是很多很多上百个热爱我们的一个个群体、车友在帮助做这个事情。

记　者：我是不是能这样理解，因为本身固有的群体，您也是把这里面很多的资源整合到您这样一个平台里面来？

吴　峰：可以这样理解，因为我也特别希望能做一些被人们记住的事情。中国有汽车文化吗？中国有真正做起来的车友会平台吗？从2005年到现在，车主发展了N倍，但是我们这个车主平台，反而削弱了，为什么呢？

中国的车主去哪里了？以前我们可以说中国的车主，用车这群人在"爱卡"，现在我们的车主在"汽车之家"吗？一定不在，因为汽车之家更多的是买车的人，他买了车有可能就离开了。那么保有量一点几亿辆车，对应的是超过两亿用车的人，对应的这些人去哪里了？我们有可能想，会是去了微博、微信了吧？微信它是一个全民级的平台，它一定能做车主这样的聚集，但它能做好吗？我觉得不见得。我感觉什么叫文化？什么叫车主聚集地？它实际是有共同的兴趣、爱好、品位，开同样的车、在同一个地方，自然而然就能形成一种"味道"。有可能你们这群人出去，别人一眼就能看出来，你们是不一样的，这就是文化。比如，我们选十个车主抱成团、十个非车主抱成团，让一个普通人来选，有可能真就能选出来。所以我一直在想，中国的车主去哪里了？现在肯定在微信，除了微信，我们能不能有一个更加聚集的更加垂直的这样一个板块？这是为什么我公司叫"车轮"的原因。实际上，我真是希望以后凡是中国有车的人，他遇到汽车各种各样的问题，我都能帮他去很好地解决，从而形成一个轮子、一个车轮上的王国。就比如上网购物，大家都想到微信和淘宝，那么以后凡是车主、车和车的用户，都能第一时间在我这边，我一条龙地帮他解决。

现在我们的工具仗已经结束了，接下来要做的就是完善我们提供服务的平台，只有它对车主有用、有利、有效，才有存在的价值，这是我们最终导向服务的根本原因。

记　　者：在文化这一块，您想打造什么样的平台，想引导到什么样的文化上去？或者是有什么样的平台对您有一定的影响，有什么样的文化您觉得是可以借鉴的？

吴　　峰：我实际上是没有自己固定的文化模式。我就想，到底中国以后的汽车文化是一个什么样的汽车文化？我之前的观点是通过市场来验证市场，让用户推着我们走，我们和用户、车主共同去打造和建立属于我们自己的文化。为什么中国目前没有汽车文化？我特别希望我这里能出一个车主申请报告，中国的车主压力太大了，他们没有太多的时间去研究、去琢磨这个东西，我对文化的理解也不够啊，毕竟才三十多岁，还需要沉淀很多东西才能对文化有更深层的了解，但是我作为中国车主的普通一员，我就觉得中国车主压力特别大，虽然没有那么多时间去形成文化，但是它已经具备了这么大的群体，这本身就具备了创建汽车文化的很好条件。其实，文化就是在群体内自然而然地形成的某种东西，中国已经近两亿车主的社群，这就是说，离文化的逐渐诞生、建立已经不远了。但基于国人的一些习惯、用车的一些习惯，没有那么多时间，这样各种方面的因素，又使它不具备快速形成文化的条件。

　　　　　对于中国未来车文化，我崇尚这么一个观点：车主代表自由，代表了对一种美好事物的追求；车主里一定有很多善良的人；一定有很多愿意去救死扶伤、愿意去付出、愿意传递正能量的一群人。就包括我崇尚的是当大家不那么忙了，真正地去玩车，而不是把车当成一个工具。那么我就想一定要玩车，一定要爱车，一定要对车有一定的感情、情怀，一定不是现在中国特别是对豪车车主都有一种天生的敌意，一定不能这样。

记　　者：是要让大家建立属于自己的文化，还是要建立一个整体的文化？

吴　峰：目前逐渐能够感觉到，我们这个社区的人会更有付出的互助精神。像一些传统的中国汽车论坛，有可能一个新用户，特别是小白用户，提一个很傻的问题，可能在百度或者汽车之家上，没有人会回答他，但在我们的社区，有这样的机制，或者可以说是文化，它让人养成了互相帮助这样的习惯，会互助，会欢迎新人而不是排斥。我们会事前制定一些东西，因为我倡导的还是友爱、互助。我要为中国车主去证明的，我要去出一些中国车主的生存报告，是要让其他一些群体去充分理解，甚至关心到车主这个群体。这个群体，不是你也不是大众常规想象的那样，要发挥弘扬他们真善美的一面和成分。

网络空间命运共同体

从"互联互通"走向"互利互助"

记　者：您谈到的互利互助这个精神，是您追求的文化体现？

吴　峰：实际上，企业文化和创始人一定是分离不开的。我刚刚提到的，我本来就是一个有热情、有激情的一个人，但对于我的公司、我的产品，实际也有个人的一些风格在里面。

我们是中国车主掌上第一生活平台，我们同时想做的，比如社区，是想把它做成中国车主的聚集地。现在，车主找不到聚集地，这两句我是反复去说的！然后对应的是车主的生存报告。中国车主到底是一个什么样的群体？现在报道的很多很多负面的东西都是和车主相关的，我觉得这个东西对车主不公平，所以才要整理一些能给车主证明的、给大家一个全面了解的东西出来。为什么各种媒体都说汽车逃逸、肇事、车主之间打架、豪车之间发生冲突等各种负面的消息？我觉得这里面一定有问题。我在我的车主社区去提倡这样的互助，包括我会有成就体系，包括我用我的车轮币去奖励你，实际上奖励非常微弱，只是一种象征性的东西，但体现的是对车主的一种正面的关怀、回应，包括我看我的问答平台，包括所有的平台都一样。

那么，为什么小白车主能在我这儿快速得到答案呢？

除了我刚才说的文化以及奖励机制以外，实际上，我还有内部一套机制的算法，这也是通过技术创新去解决这个需求的。说具体一点，平时你在百度或者汽车之家提个问题，只有被动等待，或者根本没有人回答你的问题，但我这边有套机制，你提出一个具体的问题，你不是孤立的，通过我的大数据、我的用户画像来帮助你，这也是一个友爱互助的表现。你提了一个问题，我通过各种维度默认匹配一百个有可能帮你解决问题的人，那么这一百个人也会享受到我的荣誉体系和激励机制，他帮你解决问题，你也有收获，但更多的来自于他的成就感，我相信中国的文化传统有帮助人的情怀，我相信中国车主有帮助人的情怀。

为你新开一扇窗

记　者：您下一步还有什么规划和设想？

吴　峰：我就想把中国车主打通，目前的高层、中层或者白领和蓝领间，他们的压力很大，他们觉得很孤独，所以在开车时，他们虽然能看到茫茫的车海，他们觉得和周围的人没有交流很孤独。所以我特别想做的一件事情，就是通过打造车主的一些大数据，我能不能构建出一个让车主朋友们互助、友善、切实地解决他们面临的现实问题。比如车轮违章、比如车文化，等等，这是我的想法，也在小规模地验证着。我说过，一定不要等到火箭发射出去才发现少了颗螺丝。打通中国车主，是借由车牌实现的，因为我这边有大量的车牌数据，实际上车牌就是一个先天的二维码，就是每个车都在我这有一个汽车名片。因为汽车是身份和地位的象征，别人知道了你的车牌，在允许的情况下，就能和你进行一个交流，这样就会多了一个交流的通道，这就和手机号码一样，手机号码也是个ID。最开始没有手机的时候，别人不是那么方便找到你，后来都有手机号了，大家就方便联系了。有了手机，在获得方便的同时，也带来了个骚扰问题，因为有很多骚扰电话，我们的车牌也是。我想让车牌号码成为中国第五个ID，一个车牌就是一个网络的身份证，与之相对应，别人通过你的车牌，大概知道你的什么情况，包括这辆车的情况，这辆车大概还有多少年，你今天的心情是个什么样，你在车轮社区都在做些什么，你是个什么样标签的人，你是个老师还是教练，同时我在特定场合还可以联系到你，比如你堵到我车，或者想认识一些陌生人，那么对应的，我就可以把我的车停到我想认识的那个群里……总之，就是我想通过一个方式，把中国车主给链起来，当然我会保护他们的隐私等核心私人信息。在这个群体，车主们就不再感到压力很大、孤独，包括随堵车而来的心中堵得慌的难受，特别是北京，堵车时，那才叫郁闷呢。在堵车当中，出现在你面前的一定是那个车的屁股，那么你就知道他的号码了，你可以和他聊聊天什么的，你可以和周围的人吐吐槽，做如此这般的东西，就是让你堵车不堵心。像百度地图或高德地图，出行的时候，发现前面五公里在堵车，但是我不知道什么原因在堵车，我只知道是红色的。如果这个群体真正联通了之后，就会使车主真正有了一个沟通的大平台，出现前面的问题时肯定有人上报，我就知道原来交通管制啊什么的原因，我就能决定是继续走这条路还是马上要换一条路了。那么对应的上报这些人，实际上反正他也是被堵着的,他也愿意去为其他人做一些无私的奉献,因为他某些时候也是被别人无私帮助的。

记　者: 这样看来,它不仅有很大的交流性,还有很大的功能性。

吴　峰: 你看,每辆车有四个轮子,无论到哪里都会陪伴着,我们车轮啊,对用户就两个字:"陪伴"。目前车轮给用户的印象,是能帮到自己,他考驾照他在用,他买车选车的过程中也在用,然后他看车的资讯也在用,他有违章记录也在用,他有一些车友会、聚会、自驾游还在用,所以我们希望做一个陪伴车主的有用、有益的产品。

　　同时在市场方面,我还是需要再聚焦。包括掌上生活第一平台,中国车主聚集地,还包括刚刚说到我要把中国车主打通,实际上我觉得我们还需要再提炼出一些东西出来。我肯定不希望用户对我们的印象仅仅是一个工具,甚至对车轮没印象。那么我就希望:他最开始对车有概念、他要接触车、他要考驾照,从这个环节能够帮到他,他就觉得车轮是个小宠物一样,时刻在他的车生活里进行陪伴,但不希望干扰他。

社会进步的新未来

记　者: 春节回家,自驾保障已经成为了一个社会问题,车轮在这两年的保障上也做了很大的贡献,您是怎么一步步求解的?

吴　峰: 这也是被媒体和用户推着走的。实际上,我们做的是线上的平台,然后慢慢地有各方的力量加入进来,也是通过它,我们发现有很多正能量和真善美的东西存在,包括深圳团委、上汽也和我们联系。而司机只是通过线上的平台给你提供线上的解决方案,比如我这边有很多车主,春节你从北京开出回成都,有可能你车在哪儿出问题了,对应的,通过我技术的手段不断去建立各种各样的群,有问题了你可以直接在群里得到大家的帮助,但是很多情况下是通过信息提供帮助的,于是慢慢地有很多线下的伙伴也加入进来,比如上汽、深圳团委、南方电网、保险等。

互联网更偏重于空中的东西,通过信息层面提供帮助,抚慰人的心灵,更实际、真正的服务还是要落地的,这样子,就加入了很多线下的合作伙伴。

我个人是看好中国长线经济的,因为我们实地去其他国家参观旅游,你就会发现真还是中国人勤劳、有亲和力、与人为善,这是很明显地区别于别的国家文化的一个方面。你先不要去看中国目前存在的不好的东西,不好的东西有可能是发展的附属品,因为发展得太快,有些东西是跟不上的,包括环境什么的,比如伦敦以前不是也经历过雾霾这些问题么?所以,我们一定要相信自己的明天,这是很重要的。

记　者:从创业到现在,您认为什么一直没有变?

吴　峰:有可能长相啊甚至说的普通话都有一些变化,但唯独没有变的就是我对某些事情的参与度、积极性和激情。我参加过初中、高中、大学同学会,他们认为我和以前都是一样的,那种积极性和激情一直在。

记　者:您的这种激情是一直围绕一个什么样的主题?比如说,创造财富、兴趣,还是什么?

吴　峰:我觉得主要是兴趣,然后中途有可能有创造财富的因素,但实际上我对财富也是不那么追求的一个人。我觉得,人存在一定要有些意义,最好去做一些对其他人有影响的、有帮助的事情。

记　者:是什么样的影响?

吴　峰:当然是越大越好的影响了。实际上,可能还有一个更大的野心,我们也可以说是志向的驱动吧。你看过很多书,我大学的时候也看过,包括互联网泡沫的故事、四大门户一些传奇故事等,就是说,你看了这些人的故事,会被他们所吸引,你的那颗小心脏会不由自主地跳动起来，觉得有一天，也会像他们一样。

其实，我们现在构建的是关系到每一个有车族的车文化，我认为车文化是社会进步的新未来，我们要和大家一起构建中国的新未来，也是世界的新未来。

柴 可

"大姨吗"创始人兼CEO。

从加拿大回国后,装着不到70万元积蓄的柴可找到了"发小"张相卓,准备创业。张相卓深知创业的艰难,和柴可商讨了很多细节,最后从贵阳来到北京,成为柴可的合伙人。作为80后创业先锋,柴可经历过每位创业者必走的挫折之路,也正是这些华丽丽的跌倒,让他分外爱创业,不屈不挠、不放弃的劲儿得到了红杉、贝塔斯曼等金牌投资方的赞赏与投资。

互联网+女性健康

大姨吗：和你一起在乎你

- 不要去做自己不懂的事情
- 说好悄悄话
- 贴心服务怎么做
- 独特的『皮实』经
- 融资、资本运营和理性经营
- 从大数据挖掘中找机会
- 坚持创造社会价值

"大姨吗"于2012年正式上线，是国内最受欢迎的经期管理软件，主要为手机用户开发，除了记录经期数据、预测经期、增加备孕几率的基本功能外，还有为用户量身定制的每日健康、美容、美体、养生贴士，女性不同时期容易遭遇的问题和解决方案等，是一个提供专注于健康领域的移动互联网产品的公司，最能体现他们特色的一句话是："女人最懂女人，'大姨吗'最懂大姨妈。"

　　年轻、富于活力、专业化的精准服务，既是"大姨吗"的创业特点和理念，也是他们"互联网+女性健康"创业成功的密码。

不要去做自己不懂的事情

记　者：您当初为什么想做"大姨吗"这样的项目？

柴　可：我现在返回去想为什么做，还是分为理性和冲动两个方面吧。其实，我们一直都是在健康、互联网、移动互联网产品上不断做尝试，只不过之前都没有做得太成功。

记　者：在这之前，您做了多长时间？

柴　可：从2009年开始做中医体检、按摩、糖尿病、减肥、运动跟踪、听问诊，等等，做过非常多的大大小小不一样的项目，没有一个有特别多的用户集群，也没有用户在一款软件上待上很久。我相信每一个互联网创业公司的创始人，支撑他做创业决定的，除了说看到这个时代的机会之外，肯定是有他个人基因的，他家里是做什么的，从小耳目濡染是什么，虽然我没有去学医，但我从小到大耳目濡染的都是和医疗健康有关的事。

记　者：您的父辈或者祖辈是从事医疗健康方面工作的吗？

柴　可：对，母亲是妇产科医生，我父亲是做药的，所以从小是在药房里面，闻着那个味道长大的，就是有一种信仰嘛！父亲他们做药是有悬壶济世的信仰，那我们今天能做什么？这可能是一个初心，它与我创业所选择的方向密不可分。你做事总想做成吧，不成功有各种原因，可能是确实没人用，有的可能是做起来，需要的知识库、数据库的支撑量非常大，你可能不具备这个经济能力以及人力可以瞬间把它做得很好，所以就这样一个一个的项目去做。在2011年底的时候，也是失败了九个项目，在一个都没有人用的这种情况下，有一天去演讲，类似于创业投资的路演，我们当时的那个项目叫"按哪"，搭载了一个轻问诊的方式，就是哪儿不舒服了，可以问一问医生，上去之后被所有的投资人给批判了，被所有台下的投资人给否决了。你想，从2009年到2013年都没有做出一个成型的产品，其实是挺灰头土脸的，下到台下之后，有一个朋友跑过来说，其实你没有理解到什么是刚需，做健康的话，你就应该找像女孩来月经一样，这是刚需，它一定是会来的，不能硬憋着。他只是一个比喻，但他这句话让我如雷贯耳、醍醐灌顶。那个时候，正好我女朋友的生理周期不调，然后会出现经期性的头疼。我本来也在烦恼这个问题，但他抛出去这句话后，我感觉到，确实这个事情应该是女性经常面临的问题，这里面有多深的需求呀！我回去做了一些理性分析，生理周期不光是月经，它是从排卵到黄体再到月经这样的一个完整周期，周而复始几十年的时间，里面还包含排卵、受精、怀孕、生育的过程。在女性最黄金的有生育能力的一个阶段，它才会有生理期，如果我们能做出什么样的东西来，帮助、辅助女孩子们来解决生理期的问题，那就是一件很有意义、很有用的好事情。这就是我们当时第一个想到的切入点、第一个判断，而且这个需求应该比什么减肥更大众，它起码是天下一半的人都会用。这样想来，我们就开始做这个产品了。

记　者：作为富二代，您为什么没有回到您父母的公司做事呢？

柴　可：在我受到的教育里，有一句叫做：不要去做自己不懂的事情。我认为一个时代的人要做一个时代的事情，比如说，这个时代的人做生物制药，它应该是更高科技的、更智能的药物，需要很明确的定位和意义，得确实是学生物或是生物制药的专业，你必须要对所从事的领域有所理解。而对于我来说，我并不是学生物和医药出身，如果回到药企，可能要去执掌，就算我有管理能力，但是我的研发团队会告诉我说，天麻粉和天麻素是一样的，一个成本是四十分之一，另一个则是四十倍，但是这个药在价格上有限制，所以只能在成本上做空间。天麻素和天麻粉都是被国家允许的成分，你选哪个？作为一个商人来说，肯定选天麻素，那是因为他不懂药，因为天麻素是化学合成的，那是天麻里面的主要成分，而天麻粉是天麻研磨成分，那里有很多微量元素是不知道什么成分的，这是一个很辩证的东西。就像说"三七注射液"99.7%都是水分，那我直接能说我给你打一针水吗？其实，有很多医学的东西不是像我们看到的这么简单，没有专业知识，真的去做这种事情，可能会毁了它。这是第一判断，是理智的，我可能会搞砸。第二判断就是，在这个时代，互联网创业者都有一个劲儿，你越说我不行，我就越想试一试，我觉得可能也是初生牛犊不怕虎吧，年轻人都有这样的心态。当时我创业也是这样一个状态，不会去屈服什么，觉得自己没到位，那就再试一试。因为年轻，其实我们可以不停地换方向，夸张地说，甚至可以换八百个方向，但这八百个方向必须是我信任和喜欢的。我和其他创业者的区别在于，我的经济比较稳定，如果真干的话，我父母不需要我去挣钱养他们，我也不至于吃不上饭。我有我的生存环境，我就得必须去追求自己喜欢的东西。在这种情况下，转方向是可行的，我可以不停地在我喜欢的范围里去换，但是我不会放弃我所喜欢的方向，这个是区别。有些人可能为了生存，有很多创业者他们看到经济利益来源更丰富的一些行业，他就会去找到那个行业的方向，而放弃他前面的方向。我个人认为，不同创业者有不同的心态，并不是说哪个好哪个不好，而是处于我这个状态下，我觉得不做对不起我自己的选择，因此自己不愿去轻易放弃自己所信任、信仰的东西。

记　者：您的团队是如果搭建的？

柴　可：我是一个比较未雨绸缪的人。我在创业之前有点积蓄，是我打工和卖车积累的积蓄，其实也不多，就二十多万的起步资金。做到没有钱的时候，我们也非常自信。没有钱怎么办？就去挣钱，这是最简单的问题嘛。我有技术团队，我可以接网站开发、实际应用开发，等等，接一个就可以养活团队两三个月，那么花一个月的时间去养活三个月，这个生意是划算的，理论上这个事情可以一直做，但做不大。我们第一个想到的东西，就是与当时的互联网融资热潮是非常背离的，想的是如何先把自己养活。我们在互联网里面就是一无所有的人，而对那些有经验的创业人，他是从大公司出来的，或者某个科技公司的前CEO、前什么高级总监，他出来就有经验、知识丰富。我们说，他就是富二代，他创业找投资人，投资人会信任他。我们没有成功的经验，我们什么都没有啊，我们又不是他们那种富二代。那个时候，我们选择的就是因势得宜，一件一件慢慢做，也并不是不选择投资是最好的，而是我们没有办法去选择，因为没有人会投我们。

记　者：您初期的团队有没有在股权方面的承诺，或者将来做大了对大家有没有一个什么样的承诺？

柴　可：在那个阶段，是有很多的画饼，我们叫充饥的阶段。在这么一个小办公室里面，你如何让大家相信，我今天给你的股票权是值钱的，尤其是在整个公司就只有四个人的情况下，是很难相信有一天公司的股票会值几万、几十万、几百万，很难去让人相信的。但你必须要有个承诺，首先你要对自己有个交待。承诺有很多种，有的人承诺就是为了欺骗，有的人承诺是为了鼓励自己一定要达成一个和大家目标的同步。我们认为，我们四年之后会是怎么样的，所以我们做出了股权的承诺。最早的合伙人，其实都有承诺，有人一开始可能会有一些不信，其实股权这个东西也很简单，叫承诺与否，就是我愿不愿意给你承诺，这是创始人的状态，但你愿不愿意信，这是更重要的事情。股权叫信则灵。你看今天我的一股差不多要到十美金，当时我说，我给你一万股，大家说一万股才是多少钱啊，当时公司都不值什么钱，你就算全给我了估计也卖不出去，能卖出五万块钱也不一定，但是十美金一股，十万股，差不多十万美金了，所以说信则灵，所以人都信了，就像马云的十八罗汉一样。为什么他说二流的人办一流的事，大家都有点傻傻的，都觉得有道理，都觉得激动，特别澎湃，然后大家都投入进去了，全情的投入？因为他盲目的信任，最后这个事情的成功的概率肯定比那种猜疑更大。所以股权承诺一定要有，其实信任的人更适合创业。当然更信这件事的人可能到了一定阶段会有瓶颈，他不是一流的管理人才，但一个阶段有一个阶段的人才，起点阶段需要的是稍微笨一点的那种人才。

记　者：那您说的那四个人，现在还在公司吗？

柴　可：都在，但是有的只是普通的程序员。虽然分工不同，但是大家作为最原始的创业成员，今天都在团队里，还是比较幸运、比较欣慰的。确实，我们通过后面资本的安排，他们有的也已经自己能够通过一部分股权的变现，拿到非常不错的财务回报。

说好悄悄话

记　者：您在前面创业有那么多的失败项目，当时您认为做健康产业的初发心能使您成功运营吗？

柴　可：一开始做这个事情的时候，我们是为数不多的公司之一，创造出了一个在美国没有人把它做大的模式。这个时候，你会遇到很多资本上的问题。首先，你没有可借鉴对象，没有可参考对象，只能靠自己的想象能把这个事情的"天花板"做到多高。这就非常麻烦，我们又不是一个知名的创业者，至少在当年刚刚开始创业的时候，做的事情又不是知名的事情，做的方式又是不知名的方向，所以就有很多东西看不清楚、看不明白。但是，回过头看，这个创业者的心态和他想做的事情是对的，他想通过女性追踪了解和看个体的生理周期，让女性自己变得更理解自己的生理周期，让女性自己变得更健康、找准排卵能够怀上一个健康的宝宝、发现自己生理周期过多的波动而提前预测身体的变化、解决一些健康的问题……这个初心是对的，但是这个初心并不代表公司能挣钱、能走多远。

记　者：您当时认为，您这个事能赚钱吗？是什么信念推动你们往前走？

柴　可：资源为什么愿意进来？这是我们初期所面临的最大问题。其实我们当时也不知道能否挣钱，但是从逻辑理性来推断，如果能够应用五年，它的主流客户是女性，基本没有不挣钱的可能性。大家都知道，女性是主流消费的群体，她们既是信息消费者，也是实际的消费决策者，跟这群人在一块儿，就算卖广告也可以成为一家生存下来的公司，因为我们有最关键的人群。一开始确定这个方向之后，我们想的关键问题是，如何让她们留下来喜欢使用这个产品。只有这么一个信念在推动着我们往前走。

记　者：目标人群的年龄段是什么，人群的区域怎么来确定？

柴　可：我们这个年龄段横跨度非常大，是个大波型，最小的用户只有8岁，在国外现在8岁来月经的越来越多。这是性过早的成熟，过早的来月经，尤其在环境很舒服、吃的又好的地方，在中国比如广东10岁来月经的女孩越来越多，这样一直延到47岁。年龄两端都是小部分的人群，中间更多的群体是从14、15岁到35岁，即生育和生理比较旺盛的年龄段，也是今天移动互联网主要的消费群体。

记　者：在区域上，有自己推广的设定吗？比如说在富裕地区或者是……

柴　可：我们自己一开始是按人群来设定。我们认为有很多女孩是不关注生理周期的，她可能关注每天玩得开不开心。关注生理周期的，我们分为几个场景。她要积极跟踪自己的生理周期，可能因为平时太不规律，或者担心自己意外怀孕，这是两个场景。还有一个就是，她积极地想去找准自己的生理周期，从而找到自己的排卵周期，来备孕和怀孕。在这几个主要场景里面，我们主要以常见的情况来定义，后来发现，城市里喜欢用这样软件（以前就有这样类似的软件）的种子用户，她还是符合这个条件的。在一些相对比较发达的城市、生理的成熟度比较高的一个城市，是最先接受这个软件的地方，现在用户量最多的地方是广东地区，这就是一个明证。因为那个地区的文化比较发达，经济也比较殷实，没有那么多暴发户，是一个良好的经济环境，人的平均素质和对健康的关注程度也很好。你看，广东的美食、粤菜、煲汤，非常的讲究，这里也是中国传统文化非常浓厚的一个地区。那里的人基本温饱解决了，才更会去关注健康。我们的用户，先是在这些地方，慢慢地才开始扩展到二三线城市，逐渐被他们接受。

记　者：你们的软件，除了让女性提前预知以外，对她们还有什么样的帮助？有没有一些典型的案例？例如现在知道小孩8岁就来月经了，那你们会她有什么样的指导吗，或者对她们家人会有什么样的忠告？

柴　可：我们在不同年龄阶段，针对不同问题的需求。对小龄的用户来说，中国的生理教育本身是一个难以启齿的问题，老师上课不敢教，学生上课不敢听，然后老师讲得很隐晦，学生也听得半懂不懂。在家庭里面，我们又看到一个现象，比如看动物世界，父母小孩坐一块儿，电视里动物在交配，父母就会赶紧换台，然后小孩就会问，这两动物在干什么呢？妈妈会说它们在玩呢，父母羞于说出它们在干什么。其实这是一个非常好的教育机会，但是我们的父母逃避，因为性的话题在中国是一个很微妙的东西，很多家长都会选择去逃避这个问题。孩子在家里面学不到，外面学校学不到，只能通过网络，通过从外面流入进来的东西去学习。我们就在想：能不能做到让这些小姑娘明白正确的知识结构呢？这样作为公司的一个重大运营目标，我们不光有软件，还做生理教育的卡通片，通过卡通来讲解月经期生理的事情，把它拍得好玩，把它作为一个教育片，该片2014年还是优酷教育频道排行第一的生理教育片呢，叫"大姨来了吗"。我们的产品本身有社区，社区里面不同年龄的人组织自己的小组来聊天，我们还会去引导、校正她们的观点，比如说，我们有很多"00后"的小组，聊的话题你会发现荒谬得都有意思，比如有一个姑娘说，我可能是传说中的来月经了，这是我第二天流血了，我觉得我快要死了。她说，为什么我会流两天的血？那个小姑娘认为来月经可能就一天，为什么第二天还有血呢？会不会出问题？你说她父母干嘛去了，她老师干嘛去了？这个时候，我们要去告诉她。因为她不敢跟父母说，那肯定是有原因的，不敢跟老师说，可能是害羞等心理原因，也可能她是同学里面来的早的。这个时候，她可能以一个匿名的身份发一条问题，只要有答案就行了，她更希望自己的身份受到保护，所以不是实名制什么都好，这个时候，她会更倾向于我先不告诉你们我是谁，我先把问题解决。

记　者：我们一直都在探讨的是让正能量的公司去挣钱，因为只有正能量的公司挣钱了，社会才会发展，如果大多数的人都是在一个不太正能量的环境里工作，也就是说大部分时间都不是做正能量的事，整个社会就是一个负能量的。如果大家都是坚守正能量的初心，就不会出现这些问题了。你们是如何做的？

柴　可：有些小女孩，其实也没有渠道去申诉，她会在上面说，自己被乱伦了，该怎么办，她很痛苦。一个小姑娘才14岁，你说她既然被乱伦，肯定不能去找爸爸妈妈了，她已经是诉说无门了，她怎么知道有妇联的存在呢，她怎么知道儿童机构、法律机构在哪里呢？但在这么一个匿名的地方，先把问题吐槽出来，然后大家就会说，我告诉你一个律师的电话，你打他的电话，这个叔叔一定会帮你，还有人会说，我给你一个机构的电话，你打过去肯定会帮你。这个时候，她很不希望被别人知道，例如班上的小伙伴，谁敢大张旗鼓地说我被乱伦了！这个时候，她的身份要受到保护，甚至处理完这个事情，她的身份还要受到保护。从这个事情发生到解决，她的身份都应该获得保护，要不然在朋友们的谈资里面，她就是一个被乱伦的小孩。由于中国的性开发迟滞，导致诸如前述的一系列问题，所以我们在生理的教育层面，担当了很大的社会义务，同时我们乐于也必须要把这个问题解决好。因为有大量这样的问题，从一开始我们就有24小时的客服，例如"午夜悄悄话"，访问量都是在凌晨之后才会爆发出来，她们躲在那里发涉及隐私的问题，我们的客户24小时去帮助大家，只要你有问题，我们就帮你解决。在这种基础之下，才使得我们这种模式的公司受到越来越多女性的欢迎、喜爱和信赖，因为以前没有这样的人干这个事情。这是一个担当问题，每一个人、每一个企业都对社会有担当，国家才会有希望。

贴心服务怎么做

记　者：你们参加过哪些公益活动？公益和盈利如何相得益彰？

柴　可：我们跟妇女儿童发展基金会有过合作，上次还跟"非诚勿扰"里面的黄菡和央视主持人一块儿去女生比较聚集的地方，例如民族大学、师大等，做生理教育保护这类的活动，这也是我们公司的使命之一。

当然在做了这样的事情后，用户会更信任你，她们的信任会逐渐演变成依赖。她在上面会有记录，留下她的点点滴滴的数据。她产生了信任之后，就会有延展的需求，比如：她想要备孕了、她想要孩子了；她不知道哪个牌子的孕霜好、不知道排卵的最佳日子、不知道怎样才能怀上一个健康的宝宝……我们的延展服务就随之扩展而来，从而成为我们的一个盈利点。

现在除我们的广告服务之外，我们还做美卫优选，主要是解决女性大小不一的问题，而且是每一个周期都去解决她的问题。例如，一个女孩要去买卫生巾，只能通过超市购买，但是一个超市不可能给你备所有的品牌，只能挑选两三个有利润空间的，但你最喜欢的不一定在上面，因为卫生巾品牌五千多个，一个超市能有几个？小超市更不可能有几个。要不就是大促销的时候，一次性囤了一年的，但这都存在问题。第一种是忘带了去便利店买、快来了备了一包，结果很难用上自己喜欢的。第二种是囤了一大堆货，放公司还是放哪儿？肯定放家里。那么，来月经是什么时候？

我们有一个很有意思的数据，75%的女性来月经，都是在早上10点到下午4点钟之间,也就是说在上班的时候。你想,她在上班的时候有身体的活动,因为来月经是子宫内膜脱落啊,而脱落需要两个"动"。第一个是情绪波动,她才会有激素波动,激素波动比如说黄体酮停止分泌,子宫内膜才会崩塌,它侵蚀了黄体,才会崩塌,才会有伤口,才会有流血。第二个是身体也要波动,睡觉的时候身体是平躺的,情绪是平稳的,因而是不动的。所以绝大多数女性来月经都是在白天上班的时候。但是你囤的卫生巾在哪儿啊?在家里。真来了会发现囤的恐怕用不上,过了一年又过期了。

所以,随着我们服务对象的扩展、服务程度的加深,就会发现大大小小的各种需求,商业模式由此应运而生:我不光提醒你快来了,还把卫生巾给你,不光把卫生巾给你,我还发现你是量大缺血怕寒的女孩,而且生活在东北,现在不光提醒你,我还能不能把暖宝宝送给你,把红糖姜茶送给你?你只需要付出相对应的正常商品价格即可。由此,我这个商业模式就已经构成了。在一步一步去服务和伺候用户的过程中,我们发现了自己生存的机会。一开始我们并没有想到广告能挣钱,因为服务用户、服务体制也能挣钱。

独特的"皮实"经

记　　者:做"大姨吗"过程当中,您经历过什么坎儿吗?给未来创业的人们什么建议?您喜欢什么样的员工?

柴　　可:坎儿,其实蛮多的。第一个就是我所说的,我们不是知名的团队在做知名的事情,导致我们一直走在股权融资的路上,其实牺牲是很大的,因为我要给予资本信任,让资本觉得它进来后增值空间会很高,这样我可能要牺牲更多股权去换取投资。如果我是京东老总刘强东,我今天出来创业,我即使只有百分之一的创业资本，我相信有人轻轻松松愿意投十个亿八个亿的。但当年的我，出百分之百，人家也不一定投你一千万。在这种情况下，导致了我们认为坎儿是一个必经的过程。如果今天我才创业，可能就不一样了。

在这方面，给未来创业的人们什么建议呢？

首先，要尽量去控制自己股权的稀释。我们是遇到了比较好的投资人，有的公司因为这个导致发展方向被干扰得非常厉害，自己干得也非常不开心，甚至到最后就索性倒闭了。或者和投资人发生了过大的矛盾，投资人把你赶出董事局的也不在少数。在股权上面，虽然我们走过弯路，但我们是幸运的，我们还找到了最顶级的风投，虽然我们牺牲比较大，但至少我们的控制权在。

第二个就是团队。最初期的创业团队，不一定真的适合一步一步走到最后，因为每个人、每一个将才，他管理的人数都是有限的，可能是一开始他管十个人管得特别好，但给他一百个人的时候，可能他就没办法管了，这个时候他的心态好不好呢？他又是早期的创业元老了，如何给他一个位子和回报？他愿不愿意接受这个事情？我觉得比较客观的问题是用人和留人的问题。

我们定义公司最喜欢的人是什么样子的呢？首先，是高能力的，这肯定不用说。其次，一定还要有高动力。第三，他还得是一个"皮实"的主儿，也就是说，我们今天做得不对了，要换方向，没问题，换，然后无条件地信任，如果说你干得不行，你不能当领导，你乖乖继续写代码去，他说没问题，行，我就写，然后通过努力写代码，再有一天，再变回领导，可以的，因为没有人永远坐在那个岗位上，这就是所谓的"皮实"。你会发现，这样的人非常受欢迎。但历史的原因，有些公司不得不把一些元老架到一个虚高的位置上，而导致自己的业务决策和战略决策失败，这个也是我们自己趟过的路，但是我们现在的方式就是每一个进来的人，我们就讲，只有是管理层的，我们希望你"皮实"，我们希望你能理解"皮实"的含义，怎么折腾你都没事，到最后你肯定是最牛的那个。

融资、资本运营和理性经营

记　者：在品牌的知名度这块儿，你们都做了哪些工作？

柴　可：市场的投入一直是公司运作的重头开支。传统品牌如果让几百万人了解到，可能要花数十年或者更长的时间。但是，你想在两三年内迅速让一个品牌有几百万、几千万甚至一个亿的活跃用户和粉丝时，其实市场的开支是非常大的，而且要花得很聪明。因为一个老品牌的建设，它绝对不是烧几个亿就能烧出来的，但是对于今天的互联网公司，可能花了不到一个亿，它就把自己的品牌做起来了。所以这块儿的成本还是占到公司很大一块，基本上能占到了百分之三十。

记　者：我们一直在探讨的问题是，让正能量的公司去挣钱。但让正能量的产品、企业去挣钱，还不是很容易。现在你们是用什么样的产业结构去盈利或者是持平？

柴　可：事实上你会发现，很多互联网公司都没做盈利的事，比如最近看到了很多O2O的公司，都在补贴，都在烧钱，大家似乎都要把钱烧到烧不动，然后这一家就把所有的资源整合，把人家K下平台，自己就可以正向去发展了。似乎互联网从开始到现在，就是这么一个游戏规则。对于这个游戏规则，我并不否认，但是我们也看到了由此产生出资源浪费的问题。

　　在美国，要作为一个创业的公司，有三点它必须做到。如同打桥牌，首先，我的运气好不好，我能不能找到好的合伙人团队，这个投资人能不能给我一个好建议和资源补给？这是知识云集的问题。其次，怎么去打好这副桥牌？很多时候，我们讲一个公司好与坏，可能要产品好不好，品牌硬不硬，服务器是否稳定，技术团队以及战略方向是否对路。还有一点就是，和资本家打交道的能力，组织架构和统筹人才的能力。这是一个正常运营公司的逻辑。

但是在今天，我们看到大量的互联网公司，其实做什么东西不重要，重要的是看资本玩得怎么样，好像资本决定一切，由此也就导致了中国互联网公司不是在打桥牌，不需要研究这么多麻烦的问题，我就打麻将，就是我们四个人坐一块儿，先不管我的牌好不好、赢不赢、压不压你，我先搞你们三个，只要你们三个不胡，我才有赢牌的机会。我可以在缓慢的绞杀中，再来找到自己的生存模式。想让他一上来就做一个盈利的企业，做一个踏踏实实为用户服务的企业，可能做不了。

想把社会资源很好地、不浪费地利用起来，我也难，为什么？我们看，每一家外卖公司都去建立自己的线下团队，然后我们发现，每一家外卖公司都有一个送餐高峰——早晨、午餐、晚餐，周末基本休息。所以即使有一千个团队，在早到午、午到晚以及晚上之后，那一段全都是没事干的。每一家团队都有这么一波人，还都在贴钱，你想这个社会资源是否是被极大地浪费了？除去时间浪费之外，就是地域重复，你在这个片区，我也在这个片区。事实上，只要一个团队就可以做到了。这个时候比什么？就是比谁先能把谁烧死。我们看到现在大量的互联网公司出现了一个合并的潮流，因为当他不理智的时候，市场一定会自动校正的，也就是说，这个事情绝对不能持续这样下去。你看到滴滴与快的、美团和大众点评、58和赶集的合并，都是因为过度整合资源，导致所有资本都没钱挣了，但是大家都已经投到这个程度，不可能没有结果，再这么费力地角逐下去，没有人愿意继续投资，所以必须合并。于是到最后，就回归到了一个理性逻辑的商业环节上来。

这是两个创业环境，截然不同，一个是打桥牌，一个是打麻将。

大家知道，在现在这个市场竞争的环境下，人们很难去谈盈利。但是因为我们没有过度地抢占市场，所以公司想要盈利还是比较容易的，我们的收入已经是处于非常良好的状态。

记　者：*在吸引投资的这块，你们花了多少精力？*

柴　可：融资，其实应该就是两个人的事，就是CEO和CFO的事。我们整个公司，当初只有我一个人出去，一直到了这一轮都是我一个人在谈，因为我觉得其他人不用想这个问题，这是公司诸多成败里的其中一个环节。资本成败只是一个环节，你还有产品、你还有用户信任、你还有盈利能力等。所以，我不觉得应该花很大的精力去融资，而是要花很大精力去把其他事情做好，融资只是一个锦上添花的事情。

记　者：*第一次融资容易吗？*

柴　可：天使投资，从2009年一直到2012年的8月份，经过了四年的时间，我们才拿到了天使投资一百五十万元人民币。要按这个时间来看的话，其实它并不容易，但是事实上我们认为，你真正看"大姨吗"这个产品做出来，拿到投资是八个月的时间，这是我们拿出的第一个产品，从时间上来看，不算是特别长。

记　者：*八个月拿到了一百五十万，又没有一个参考来衡量的它的价值，当初的天使是什么样的考量，它是看重您哪块？*

柴　可：人家看重的更是这个人在做事情上面的执着。天使投资第一相信"一万小时定律"，即当你在一个行业干够一万个小时，你肯定对这个行业非常了解了。我在移动互联网和互联网健康医疗上面干够了超越一万个小时之后，它觉得这是信任和经验。

第二是这个人的执着，或许会带领这个事情成功。第三是他当下和你讲这个故事、问你这些问题时没你更懂。我觉得，这几个要素都是很重要的。

从大数据挖掘中找机会

记　者：我看了一下您的白皮书，其实我们认为那个白皮书真的挺好，似乎有更大的潜力，只是说它现在的形式过于专业化了，很多人看不懂，就是这个白皮书可能已经在为公司服务了，因为它是很多数据。大数据时代主要是数据的分析而不是储存，您在这个白皮书上还有什么想法和计划吗？

柴　可：在白皮书的规划上，我们一直非常清晰地展示的是三步走的结构。我们认为，第一步肯定是建立。通过做这个事情，建立我们数据的专业的收集能力和收集团队，因为你不去做这个事情，就不会用专人专职去做这个事情，一旦做了，这个团队就成立，可以长期地成立下去。

第二步，我们肯定要让它具备一定的使用价值、指导意义。比如说，我们和北大医学部一起发现并印证了，中国的女性卵巢软化确实是越来越早，已经从35岁到了32岁。因为多样的原因，初潮来得快，来得更早，可能老化的也就更快，还有从女性的性功能等去评判，那么，我们就具备了去印证这些现象的能力。在这个基本能力之上，跟专业的机构合作时，发现了自己的数据还可以收集得更好，发现还有一些什么东西我们没有收集到的、还有什么样数据我们可以常规化地去统计和收集它。2015年、2016年的白皮书，主要是服务这个目的，所以看上去会有很多很多数据，很专业，很细碎。现在，我们也不知道如何更充分地去使用这些数据，因为我们还没到应用层。在这个阶段，我们把白皮书的数据免费公布，我们希望社会各界专业的机构、研究的机构、社会学家、社会现象学家一块儿来挖掘这个数据，用这个数据印证我们发现的观点，然后发现关联，把这个常规化、深化，再去更好地印证我们想要发掘的东西。在这个阶段去培育出它的价值，通过数据和最专业的机构先形成合作，挖掘它的价值，就是我们的目的。

第三阶段是应用和生态阶段。当它已经服务了专业机构、已经形成了一个一个数据、已经形成长期的供应别人的产品，这种数据就可以不断地去做很多事情。比如，预测中国新生儿的数量，预测中国的原发性和计划性比例和问题的地区，那么这就是一个一个的数据产品链，越来越多的数据产品链会形成数据生态，就可以做更疯狂的事情。可以用不同的数据产品来交集、来发现，可能会发现在黄体期的女性体重的变化以及和痛经的过程、发现医疗和健康问题的诸多解决方法，从而可能会作为公司未来做产品的逻辑支撑。

说到痛经，痛经的女孩体重上浮的比不痛经的要高，而且痛经的女孩不光黄体期体重上浮高，她的BMI（身体质量指数）也比不痛经的女孩要高，这意味着，她们要更胖一些。这个说明了什么问题？黄体期本身从生理学上说，是分泌孕酮去保障受精卵有一个更好着床，所以它提升孕酮，这时整个子宫内膜就会增厚，有利于受精卵的着床，所以不管有没有受精，它都会增厚，不光会增厚子宫，还会增厚身体上的皮肤水分的比例，所以整个人变得更水肿更胖，体重变得更大。而长期处于一个胖的饮食状况的人，本身吃得就比别人多，她在黄体期就比别人胖得更快，过了黄体期就会下降回来。通过这一系列大量的数据，我们就发现了和中国饮食相关的问题，就是中国的痛经的女孩有两个现象的原因。一个是因为她水肿。水肿在医学里面就有一个很专业的词，叫水钠潴留。我们讲痛经的一个医学的成因就是叫水钠潴留，身体里过多的水没有排放出去。中国女性不爱运动，大量吃米饭和猪肉，不怎么喝茶和咖啡，这些都导致水分过多，然后吃高盐的和油炸的东西，都会导致钠也就是盐，即水钠潴留。通过这么一个小小的现象，可以来解决中国80%的女性痛经状况。也就是说，这个问题其实就是要解决水钠潴留，而解决水钠潴留，就是要控制女性在生理之前的水肿的问题，这时，最简单的方法就是多喝点茶叶和咖啡。为什么国外的女孩子痛经少呢？因为她们经常喝咖啡、经常运动、吃面粉制品，这些食品本身就是储水量不多的食物。不那么经常吃猪肉，从饮食到运动到这些结构上，不会导致水钠潴留。

这样，通过数据，我们分析出，很多女孩痛经不是病，它可能就是一个水钠潴留。那我们有没有办法做一些药品或者服务，在月经之前的黄体期帮她排肿，长期地排肿，她肯定不会痛，而且它可能是一个很天然的，很干净的，比如，从茶叶里面提炼的、天然的咖啡因利尿剂，就可以帮她缓解啊。这个是不是一个新的产品和商机呢？

我相信，当我们的数据生态越来越丰富的时候，这样的产品会越来越多。有的东西我们可以自己做，有的我们可以和别人合作，那么这样的话，它的价值就会放大。现在，我们认为我们不可以下跳棋，没有办法跳，我们要有这些刚性数据。这么多年来，我们总结，自己也没有多么多的点，但每一个点，我们发现经济和社会价值都很大。继续下来，看看未来会不会有更多的刚性。

坚持创造社会价值

记　者：您能给大家讲讲，未来会给社会带来什么样的惊喜吗？

柴　可：我就讲讲"00后"那些小问题、小故事吧。第一个偏于娱乐精神，我说我们的数据精准到什么程度，比较好玩的。有一天我们在微博上收到用户@我们，然后说"大姨吗"太神奇了，说你今天让我跟我的男神表白，我就给他表白了，然后我就成功了，你怎么知道我今天适合表白呢？这姑娘提这个问题，是因为"大姨吗"首页上有一个娱乐功能，叫今日宜忌。她一测，宜，适合向男神表白，她很高兴，她就给她全班的女生推荐了我们的软件，说这软件太神了，它说让我今天表白，我就表白了，还成功了，她不光晒了一张很高兴的照片，然后就是上边的一幕，问我们怎么知道今天适合表白呢？这让大家看来，我们只是处于娱乐精神的状态，但真实的情况并不是这样。

我们每个软件都是很精妙的设计和安排，就比如说今日宜忌，在什么时候能触发你今日适合表白的条件呢？首先你要在排卵期，因为女性在排卵的时候，在生物学上面，她的雌性激素是分泌最均衡的状态，她皮肤是最好的状态。正常来说，一个动物在排卵期，它是要交配和生孩子的，它是要繁衍后代的，所以这一天必须要给异性最好的状态、最好的气味。这个女孩的状况是蛮好的，她的BMI指数没有超标，也就是说，她的体重和她的身高比例没有超标，她绝对不是胖子，在我们常规的身体处于一个健康的比例情况下，会更吸引人。因此在这两条下，我们会设定在18岁以上到30岁以下这一个区间：首先是你适龄，其次你的体型是OK的，再次你排卵了。那么，在这个时候，如果有喜欢的人，你就可以试一试。一般女性对男性表白，除非他真的讨厌你，不然接受的程度还是比较好的，虽然也处于娱乐性质，但是背后都是很多数据支撑的。专业数据确实有用。

再说一个小的细节。大家说一个电子推算软件，它不可能特别准，因为来月经有很多变量，有可能卵包破裂，排卵第二天就来月经了也有可能的，总之有很多变量，那么你一个软件，能有多准啊？大家会有这样的疑问，但是当我们积累了大量的数据之后发现，我们可以把不同城市、不同年龄记录项、不同的BMI、不同的经血流量、症状异常等，归纳出不同个规律组。我们发现，不同规律组的女性用户的经期是趋同的。所以，当我们的记录越多的时候，我的计算就越准，当我的用户越多，我的计算就越准，就像滚雪球一样。其中有一个女孩，她说这个软件太神奇了，没有一个人能算出我的周期，她拿个小本子，自己记、自己算、按数学逻辑算，都算不准。但是，我们的智能算法帮她做到了偏差不超过两天，也就是我告诉她明天来，它最多后天来，或者说我告诉你明天来，有可能今天来，一般不超过两天。这个女孩给我们的感谢信写了很长，说这太神奇了。

事实上，她是非常典型的案例，专业医生都知道是左右卵巢排卵规律的问题，有一个卵巢排卵慢一些，再加上排卵药物的规律，比如她会吃一些紧急避孕药来避免。要把这些规律算好，这个数量逻辑对她来说太复杂了，但是对于计算机来说很简单。计算机是人类的辅助工具，可能人算不准，但对于计算机来说一定能找到一个某种形态的规律，这也是一个挺有意思的事情。因此，未来我们一定会给女性更多科学、实用和有益的帮助。

记　者：将来您还有什么样的计划？

柴　可：其实，未来，真的要说计划的话，我觉得是如何能够帮女性在生理周期去更准确地解决问题，还有相当一部分用户，我是不能通过软件很准确地判断，然后帮助她们的。

记　者：是因为她给的数据少，还是什么？

柴　可：对，她可能给的数据少，也可能她的规律我还没有找到。因为个人变量是非常大的，我还没有找到一种解决方法，这个时候我必须靠一种生物硬件。现在公司里面还有一个团队，是在研发生物硬件，它不是一种传感硬件，它是直接从人体的体液上或者血液上破坏皮肤，获取电解质的信息，然后直接了解它的排卵规律。我们这个设备可以做到的是，她要排卵了，我可以很清楚地知道她哪天排卵。大家知道，技术是不会撒谎的，这个硬件要做到精确。在未来，我们要更深刻、更专业地去解决女性的不孕不育的问题、周期不调的问题、痛经的问题等，我们必须要匹配服务，用"互联网+"匹配产品和硬件去做这件事情。

记　者：很像一个科技公司。

柴　可：必须要精准地解决问题，要不然你永远是在猜它，并没有真正地了解它、搞懂它。她说我不准，我说那我能怎么办呢？我没有解决她的问题是不可以的。我们要做到，我知道你不准，我能让你准，我知道你不孕不育，我能让你怀上孩子。这些问题的解决，是有经济价值的，也是有社会价值的，因而是有益且有必要做下去的。

记　者：其实你一直是在看问题、解决问题，这是一种良性的发展。

柴　可：包括我们的商业化，也是在解决问题。我们不是什么都卖，而是用户生理周期正好需要，我才卖给她。用户会觉得很方便啊，又不用去排队、又不用去超市、又不用提醒自己往包里塞卫生巾。它来了，就有一个精美的小盒子，就这个月的，然后所需要的一切都在里面。我们是在解决用户的需求。我希望这个软件所做的一切事情，都是在解决用户的问题之上去做的服务。

记　者：刚才您谈到的初发心，您的初发心是健康的产业还是纯互联网公司？

柴　可：初心的话，我还是认为我们不是一家互联网公司，我们是一个做健康的企业。在这个时代，我们所懂的技术手段，是用互联网的方法去服务健康。有一天，软硬件结合，数据和数据服务更好地出来，我们就既可以变成一家提供数据和数据服务的健康公司，我们也可以变成一家软件和硬件结合的健康公司，但最终还是做跟健康有关的事情。

万佩

"姑婆那些事儿"创始人及CEO。

2011年本科毕业于华中科技大学。资深互联网人,精于移动互联网的运营和推广。曾经在3W、中国电信天翼创投基地、腾讯众创空间等创业平台授课,被评为创业导师。2014年,创办了"姑婆那些事儿"自媒体平台,不到一年时间聚集了移动互联网近十万中高端人才。

互联网+创业指导

姑婆那些事儿：助力年轻人

- 说说姑婆那些事儿
- 产品线
- 互联网大势
- 当传统企业遇上「互联网+」
- 初入互联网要面对的那些事儿
  - 业务能力
  - 每一个人都需要学会沟通
  - 先做人后做事
  - 融入团队和奉献精神
- 小城市的互联网创业
- 互联网公司的用人法则
- 「互联网+」策略
- 给年轻创业者的建议

"姑婆那些事儿"以互联网运营推广干货内容分享起家，取名"姑婆"之意，就是想要把更多的运营推广经验和大家交流、分享。

"姑婆那些事儿"是移动互联网推广、运营知识的分享平台，关注移动推广App（Android、IOS）、Wap推广运营、校园推广及互联网领域最新动态，为渴望了解、利用互联网工具进行创业、推广、运营等提供心的交流、暖的支持、力的助推。

尤其是在大学校园里，"姑婆那些事儿"有着很高的关注度和影响力，为"万众创新 大众创业"作出了切切实实的努力，并收到很好的成效。

说说"姑婆那些事儿"

记　者：您是怎么从一个互联网公司的员工转到自己创业上来的？

万　佩：我自己平常喜欢思考，自己不懂的地方就去问去钻研，另外自己也喜欢写写东西，这些习惯日积月累，就有了很多的内容，所以就开始做了"姑婆那些事儿"的微信公众号。做"姑婆那些事儿"的公众号，刚开始基于兴趣，当做个人博客来写写东西，后来发现，写的这些内容很多人都挺喜欢的，所以也就慢慢凸显出了"姑婆那些事儿"基于优质内容的价值。因为有价值，才会慢慢被行业里的人认同。之后为了保证内容的质量，我们开始实行约稿的模式，主要邀约行业里有成功经验的专业人士来投稿。就这样，慢慢地，这个微信号开始做大了，也开始有人主动投稿。随着微信公众号粉丝量的增加，我们发现仅仅做微信公众号是远远不够的，很多用户习惯在网上搜索信息、浏览信息，很多粉丝希望从网站上浏览我们提供的行业干货。于是我们在2015年又做了"姑婆那些事儿"的官方网站，网站的成功搭建，吸引了很多媒体的关注，比如百度百家、搜狐自媒体等，他们都主动邀请我们入驻，于是我们顺其自然地将"姑婆那些事儿"的原创内容发布到了更多的媒体中，"姑婆那些事儿"也得到了更多的曝光和关注。

  我们所有的规划都是基于用户的需求而做的。我们平台有一个校园推广业务，这个业务同样也是基于用户需求而诞生的。我有个朋友，他曾经在小米负责全国校园市场的线下业务，我找他约了个稿。我跟他说，想做校园市场推广这方面的内容，他就以校园市场为主题写了篇稿子。这一篇稿子一上线就挺火的，那个时候我们总共才两三万用户，这篇文章的阅读量就达到了六七千。我这个朋友自己做校园市场多年，自然身边有很多很多同样做校园市场的朋友，稿子上线时，他找了身边朋友转发了这篇微信，很多朋友通过他的传播开始关注"姑婆那些事儿"。与此同时，我们平台关注校园市场相关内容的用户慢慢起来了，给我们投稿写校园市场的文章的人也多了起来。我们聚集了这么多的核心人脉和资源，所以，我们校园市场的板块影响力比较大。2015年暑假的时候，中国首届校园市场行业论坛全国校园首届论坛，我们"姑婆那些事儿"是唯一的报名通道，你要参加这个会必须在我们这儿报名，这也标志着我们在校园的影响力到达了一个高峰。后面我们也想着组建校园团队，为什么？因为有些人经常问我，他们想要在校园做推广，我们有没有这种服务，或者你们可不可以介绍可以提供这种推广服务的团队？既然用户有需求，我们就去做这块业务。一开始我们想跟别人合作，后来发现合作不利于长远发展。于是，我们就找到一个项目负责人去做校园市场。我们磨合了一段时间，彼此之间互相认同，他也愿意跟我们一块儿做这块市场。整个校园团队都是由这个项目负责人一手建立起来的。自己的校园团队接推广业务，免去了中间的代理，更有效地控制住了服务的质量。一直到现在，我们已经有两三百人的校园团队，还专门做了一个公众号叫"新事军"，每周六用来给校园团队做线上培训，给大学生来讲讲干货，也为后面新加入的成员提供学习平台，让他们慢慢成长起来。

我们的另一块招聘业务的形成，如出一辙，需求同样是来自于用户。经常有企业主或HR（人力资源部门）找我们推荐人才，于是我们同样是邀请了一个给"姑婆那些事儿"投稿的作者，来负责这块业务。

我想说明什么问题呢？任何人都需要积累。我经常举我自己个人成长的例子。前两年刚工作时，我在南京每月拿的工资，除了满足租房和吃饭的基本生活开支以外，只有一点点盈余。但是我很知足，觉得那个时候还可以了。这个工资水平一直持续到2013年的上半年，一年半的时间，我既没有加过薪，也没有升过职。那个时候途牛好像一共有八个级别的员工，我是二级员工，一级员工是实习生。在这种情况下，我还是选择坚持下来。到2013年后半年，我几乎每年都加一次薪，每年都升一次职，一直到我走的时候，工资是最初的四五倍左右。所以，积累很重要，这包括能力的积累、人脉的积累以及职场素养的积累。初入职场我不怎么说话，思考的也不多，但是到后面几年，我会花更多时间和精力去思考，因为我要管理团队，要担起更多的业务。不仅要思考业务怎么做，人怎么管理，怎么说话，怎么应对，我还站在老板的角度思考，思考企业发展需要什么。

我还要讲的一点就是，顺其自然，顺势而为。关于"姑婆那些事儿"很多的业务模块，我们都没有提前做过详细的规划，都是随着平台发展而顺势开展的。我是新闻学专业毕业的，在学校的时候没想过成立一个自媒体，到2014年的时候还是没有想过这个事，但是我现在确实是一个自媒体的创始人，我觉得相当于历史被推动了，被人给推动了，也就是顺势吧。

产品线

记　者：现在已经关注咱们"姑婆那些事儿"的人，大概是多少？

万　佩：十万人左右。

记　者：那么跟咱们联系比较紧密的大概有多少？将来会成为"姑婆那些事儿"合作的人，因为"姑婆那些事儿"将来可能会成为一个互联网的大平台，那么有哪些人已经逐步成为咱们核心圈的人？

万　佩：这里面已经有了一两百人吧。就平台而言，一块儿是我们的媒体，它包括微信公众号、网站，还有QQ公众号，以及它第三方入驻的自媒体平台，包括百度百家、搜狐自媒体等，另一块儿是我们的校园业务，目前主要做的是大学生的互联网培训，未来我们也会为企业做一些调研、推广服务，还有一块儿是我们的猎头业务，即帮助企业推荐人才。

互联网大势

记　者：作为一个资深的网络自媒体人，现在国内的互联网整体上是一个什么样的形势？

万　佩：现在国内互联网的形势，可以说，目前还属于寒冬，因为我身边好几个朋友拿不到融资了，这是从资本角度来讲的。资本比较冷，有一些项目不是突出的，融资出现困难，这引发了连锁的反应，创业公司因此死掉了，对创业者个人影响很大。另一方面，对于找工作的人而言，越来越难了，我本人最有体会。2015年应届毕业生不好找工作，之前公司里有几个南京大学本科实习生，我问他们以前在哪儿实习，为什么离开了？他们说从阿里出来的，阿里不招人了，百度、腾讯也都不招人了。近一段时间，招聘的需求大量缩减，工作也不好找了。资本寒冬的这个影响还波及到了广告行业，互联网企业投放力度降低了，投放预算减少了，广告公司接的单随之减少。我很多开广告公司的朋友，2014年有不少都是亏钱的，情况稍好点的利润也大不如前。

但是，这里有一个好的现象，就是行业开始洗牌了。优胜劣汰，适者生存，一些不温不火的项目死掉了，真正踏踏实实、有潜力的项目在这一阶段抗住，熬一熬，资本回复热度的时候，有可能就会脱颖而出。

所以，无论是资本过热还是资本寒冬，企业的生存之道永远是盈利，就是把创业当成生意来做，不能完全依赖于资本，我们必须有自己造血的能力，我们要靠自己的营收活下去。

最近还有一些现象出现，就是企业合并，比如58和赶集合并、滴滴和快的合并、去哪儿和携程合并、美团和大众点评合并、蘑菇街和美丽说合并，这就是互联网企业的合众联横。为什么会出现这个现象呢？从资本角度来讲，必定是为了资本利益的最大化，这些合并案无一不是资本在背后推动。合并的企业体量大多都是相当的，合并后会形成估值更大的企业，形成更强有力的垄断，同时也给了一些投资人退出的机会。从竞争的角度来讲，合并前的两家企业同质化严重，为了抢占市场，投入太大，烧了太多钱，彼此间打得头破血流，双方损耗都很大。而经历了多轮融资和上市之后，这些垂直领域的"大家伙"们体量已经非常庞大，很难再找到接盘的资本方，寻求双方进行合并，一是可以减少互相之间的损耗，避免两败俱伤的惨烈局面；二是可以互相抱团取暖，便于之后的市值飙升或再融资。

这个现象也说明，垂直行业的生存是很难的，尤其是那些标准化的产品。我在途牛有一个很深的印象，就是标准化的产品创业比较困难，除非做到行业第一。举个例子，艺龙是做酒店的，之前跟携程打得很厉害，后来被携程给收了。同样的一个希尔顿酒店，携程卖490元，优游卖500元，大家可能就都去携程了，因为携程流量比优游大，酒店比优游多，价格还便宜。同样是酒店，为什么我不去选择便宜的呢？所以，标准化的产品同质化过于严重，选择这种项目创业竞争过于激烈，想突围挺不容易的。

当传统企业遇上"互联网+"

记　者：传统企业进入互联网的特点是什么？

万　佩：传统企业发展互联网业务，大多没有互联网基因，这里面最核心的问题还是人才的问题。没有互联网团队，这也就导致了他们很难吸引互联网人才。如果没有互联网的人来操盘，这个项目的很多事情没法推进、执行下去，该公司从互联网的技术到产品，再到互联网的运营和市场等，都很难进入良性运营的节奏。举个例子，我们了解到的一家企业，几个创始人，都是传统企业出身的，其实他们还并不是纯粹的传统企业的经营思维，其中有外企的科技公司出身的，对互联网有认知，行业的差异还不算太大。即使是这样，他们进入互联网后还是很长一段时间摸不到门路，他们的运营和市场、他们的产品做得都很不成熟，企业成立近一年半的时候，团队核心人员还没有搭建完整，但这个时候公司已经完成B轮融资了。所以我认为传统行业的人开展互联网项目，有很大一个障碍是观念的问题。就市场投放这个问题而言，传统思维的老板他就认为传统的电视广告比较有效，对于互联网PC端和移动端的广告,他反到不十分在意,持比较保守的态度。他们的思维中会坚持一点,就是先赚钱,即使企业发展的节奏放慢,因为赚钱而能养活自己。其企业发展的节奏,不如互联网企业的快,这是一种稳定,但有些时候也是一种滞后,在各大互联网企业烧钱占位的竞争中,这种思维容易在竞争中处于被动,甚至在巨头的打压下直接垮掉。看似稳定,却也具有竞争力不足的劣势。

记　者：万先生,接着请您回答第二个问题,有的企业传统行业出身,融到了钱,账上资金充足,但是它可能有收入,死不了,很稳健的。当今的互联网行业中,原来没有传统行业经验的老板们,在这一阶段也要增加落地的项目,那么他们现在面临什么样的问题？

万　佩：当今纯互联网基因的企业转做传统项目,我认为大多数对传统业务还不够熟悉,对传统业务的整个规则还不是很清楚。当然,这也要看做什么样的项目,比如我要做二手车网站,或者是要做旅游,我们自己要做业务线,在线上产品跑通之前,需要把线下的合作商家跑通。这些商家的经营思维和互联网行业的思维方式有很大的差别,我们需要一个线下团队跟他们一个一个地深度沟通,才能为后面的业务合作打下良好的基础。如果不了解这个行业的人,找供应商的速度会受到限制,找到供应商也会形成巨大的沟通成本。我们跟他们沟通不顺畅,不理解他们的思维方式、他们最根本的需求,这些问题都会因对业务不清晰、对行业规则不清晰而出现。

记　者：现在我们一直在谈创业创新,那么很多的传统企业也会来做"互联网+",您给他们一个什么样的建议？

万　佩：第一个,他们在做传统企业的时候,确立企业的传统业务是有足够优势的,无论我们做一个产品,还是一个企业,都要为用户创造价值。用户为什么用你这个东西,总得有个理由。用户为什么用QQ、用微信？为什么去京东买东西？为什么去天猫买东西？没有无缘无故的爱与恨。所以，我要表达的是，传统行业的业务或产品必须要有优势，为用户产生价值，这是最核心的竞争力。其次，企业最好不依赖互联网也可以生存，自己可以运转起来，而且经营得比较好。第三，要拓展互联网业务，必须找个资深的互联网人负责相关的项目，并且给他足够的施展空间，这样才能把互联网的产品做起来，包括网站、微信、APP等互联网产品运营起来，把传统业务和线上平台打通，实现这种O2O的产品互联，发挥线上线下的优势。互联网有什么优势呢？就是提升业务流通的效率，把因地域分散、距离太远造成的购买、沟通效率低的问题解决，把没有标准化的产品进行优化。

小城市的互联网创业

记　者：有个案例请您剖析一下。前段时间在用截屏软件，我发现有这么一家公司，它应该是在中原地区，我记不清是河南还是河北这一带，是在一个县里面，它就开发了这么一个软件，而且这个截屏软件在免费的截屏软件当中是名列前茅的。一个是为什么在小城市里面也有这种机会，第二个它如何生存下去？当然现在它上面也挂一些广告什么的，但是其实我用这个软件的时候也不看。就像这种企业，小城市的互联网创业，您给一个什么样的建议？

万　佩：这个问题挺好。我认为小城市反而有出路，因为小城市竞争不是那么大，很多产品它其实还没有打入小城市，三、四、五线的小城市互联网还不是那么发达。南京有一个"51订货网"，他们做农村电商的项目。现在的农村尤其乡镇小村庄，东西其实挺贵的，有的比淘宝、京东还贵多了，产品种类又不够丰富，很多东西这些小地方都没有。另外，乡镇小村庄的产品由于运输距离远，流通起来效率很低。于是，"51订货网"团队给农村店装上ERP，做农村电商，给农村居民网上购物提供平台。现在的京东、淘宝覆盖不到这些地方，所以现在做农村市场就成为了一个出路。我曾经跟"51订货网"团队的朋友说，他们日后的竞争对手可能是京东，他说对，有这个可能，但是京东目前顾及不过来，京东到现在还在跟别人打仗呢，顾不了农村市场。另外一点，就是强龙不压地头蛇。"51订货网"团队核心以前是做传统行业出身的，手里掌握着传统的销售网络，对农村的市场情况很熟悉。他们的根在农村，有能力搞定这个市场。京东短时间内还不一定能搞定。所以，这就是小城镇创业的优势。

初入互联网要面对的那些事儿

业务能力

记　者：**"姑婆那些事儿"聚集了这么多互联网行业的精英，他们都是互联网行业的核心力量，您跟他们的沟通应该很多。那么，对于刚进入互联网的人，该如何立身于互联网行业的职场？**

万　佩：互联网的职场有一些特点，尤其是当今最热的移动互联网。这个职场并不是待得越久越值钱，最后在职场上的赢家会是那种业务能力不错，职业素养好，更重要的是品格好的人才。

业务能力也是在工作中不断历练出来的，是最基本的素质。具备优秀的业务能力需要具备几点最基础的条件。第一个是学习力。互联网这个行业变化太快，会不断有新的信息、新的事物出现，必须去主动学习，学习能力好的人，能在短时间内把一个新的东西研究透，可以承担公司新的项目，为公司开疆辟土,独当一面。当然,学习力对于每一个人都是很重要的,无论是生活还是工作上,保持一个对新鲜事物的探索热情,保持对陌生事物的钻研能力,是职场人士不断提升和进步的基础。互联网行业中,互联网公司似乎是在一夜之间崛起,众多的互联网公司中突然为就业环境增加了大量的岗位。而互联网公司在创业初期的时候,这些岗位大多都处于人员不足的状态。我们经常会看到,互联网公司长时间加班的现象,甚至有些公司已经形成了加班文化。所以,很多互联网人都经历过这种情况,每天面对着大量的工作,在人手不足的情况下,一个人干两个人的活,经常忙到深夜才回家。我这里想说的一点是,我们面对繁重的工作时,往往会陷入不断循环的工作漩涡中,没有空间和时间停下来休息、思考,更没有给自己留下足够的时间学习。互联网人大多都比较年轻,现在的从业人员大多都是"90后"的,而学习这件事对于"90后"来说,更是要提上议程的事。学习中获得知识可以有效地帮助我们改良工作方式,优化工作流程,丰富思维认识,做出更好的成绩。三国时的关公,身经百战,却从来都是手不释卷。我们当代的年轻人,缺少古人的学习精神,我们不要求进步,就会在不知不觉中被社会淘汰。

  第二个是执行力。公司安排一个事情,要不打折扣、快速高效地去实施、执行下去。这一点看似简单,实则不然。每个人都有自己的想法,在接到任务时,第一反应通常是按自己的思维理解一遍,之后按自己的思维执行。这个第一反应经常会拐弯。在做管理中你会发现,很多人在理解指令的这一环节就会出问题,表面上听懂了,实际上只是理解了一部分、误解了一部分。这样,执行的过程中,自然会偏离业务的核心方向。做管理时一直在做不能停止的事时,不断地把团队的思维统一,在执行偏离时把方向拉回来。所以,执行力之前要有足够的理解力，理解清楚执行方向后，卡死时间节点，把工作推进下去。执行力的锻炼，实际上是打破自身的思维定式，服从安排，去掉自我思维，就像军队的管理中，上级给下级下达命令时，下级必须做到绝对服从、绝对执行一样。当我们直线面对指派的工作，不再掺杂自我思维的时候，我们推进项目的速度会明显加快很多。

最后就是总结、反思。对我们做过的事进行反思、复盘非常重要，即使再忙，我们自己也要留出足够的时间进行总结、反思。总结、反思可以帮助我们重新梳理脉络，对工作加深理解，也帮助我们更清楚地认识自己。这就是一个不断认识自己的过程。当我们对自身清晰、有个理性的认知时，我们清楚地认识到自己能干什么，不能干什么，该干什么，不该干什么。对于工作的脉络，自然也会有同样的理性认知，也就是清楚公司要什么，用户要什么，我们能用什么样的方法去完成目标。

那么，职业素养是什么呢？我们在这里首先探讨一下什么是职业。百度百科的定义，职业是参与社会分工，利用专门的知识和技能，为社会创造物质财富和精神财富。职业素养的形成必然是基于良好的职业精神。什么是职业精神？是与人们的职业活动紧密联系，具有职业特征的精神与操守，是从事这种职业就该具有的精神、能力和自觉。这里我们要引出一个词——"本位"。一个人的能力是有限的，从能力上只能做那么几块自己比较熟悉和擅长的事，对于其他领域的事，并没有实际的能力可以胜任。每个人都需要回归自己的本位，当会计的不可能去做销售的事儿，做人事的也不可能做运营的事儿。你要让一个厨师去写代码，那基本上属于越位现象，要乱套的。有句职场老话，"不想当将军的士兵不是好士兵"，但是有千斤力的人做千斤的事，有万斤力的人做万斤的事，在自己力量不够的时候，最重要的就是做好自己份内的事，不可以颠倒。颠倒了位置，同样也是越位，事情还是要乱套。等到自己成长了，到了可以当将军的时候，自然而然会走到更高的岗位，管理更多的业务。所以，我们更需要在每一个阶段都能清晰认识自己，找到自己的本位，找到自己的闪光点，发挥自己的长处并一直坚持下去，把工作涉及的领域深耕细作。

大家可能都听过一个木桶理论，木桶板子最短的一块木板决定了该木桶能装多少水，所以要关注那个短板，不断地把精力放在弥补自身短板上。但在团队中不宜照搬，帮助团队每一个人找到各自的本位，把每个人的长处做大做强，每个人都可以做到独当一面，才是首要的事情，弥补短板需要另外分配时间。专注于我们自身职业所在的领域，专注于自身的岗位职责，专注于把工作做好、做透，做事不离本位、不离公司发展的目标和方向，这就是一个职场人士应该具备的职业素养和职业精神。从本质上来讲，就是做好自己。

每一个人都需要学会沟通

在企业的经营过程中，最大的成本不是硬件，不是广告投放，也不是人力成本，最大的成本我认为是沟通成本。我们每人担当企业的一个角色，但任何一个企业目标都是依靠各个部门齐心协作才能达成的。这里面，企业目标或任务由上到下的传达是首要的一件事，传达的过程中，涉及的部分至少是两个以上的人，涉及的人员数量少则三到五人，多则数十人。试想一下，每一个项目的部署都是由领导开始，传达给团队核心人员，再由核心人员传达给执行层。执行层听到的企业目标和执行方向是否还是能够保持原汁原味，跟最初的那个领导表达的意思保持一致呢？这个环节中，凸显的就是企业内部的沟通问题。一句话说不清楚，或者被执行者误解了，就会导致整个项目的执行方向走偏，甚至影响执行质量和执行进度。这一系列的问题堆积起来，就形成了企业的内耗。互联网行业看似加班很严重，大家都很忙碌，其实未必都能忙到点儿上。所以，面对沟通问题，企业里需要更直接、更透彻的表达。业务沟通中问问题的人表达要明确，让人一听就知道在问什么，不要模棱两可；回答问题更要直接、清晰，直接解决问题。

先做人后做事

任何时代，任何行业，先做好人，做事自然会顺利，才会有很多人帮你。互联网这个行业兴起得太快了，资本的注入，让这个行业的发展速度超过了其他传统行业。这也就形成了一个现象：互联网的从业者，过于年轻，缺少职业品格的塑造，缺少对自身性格的磨砺。年轻人出入这个行业，很难有机会去学习如何去正确地为人处世，行业里很少有标杆，很少有学习的榜样。但是在自己历练的传统企业里，会有很多老大哥，他们经常给你讲，做人要谦虚，虚心使人进步，骄傲使人落后，从古至今流传下来的谦虚美德，千万不能忘记。而且天外有天人外有人，当我们做出成绩的时候，千万不要得意，要时刻反思自己还有哪些不足；他们还会在你上岗的第一天就告诉你，少说话，多做事，切忌在背后议论别人，不要在别人说话的时候打断别人，也不要轻易对别人的工作指手画脚或者发表评论，该当孙子的时候当孙子，大丈夫能屈能伸；他们还会不断地跟你强调，要常怀感恩之心，感恩帮助过你的人，感谢给你指出问题的人，更要感谢伤害你的人。这听起来好像是老生常谈，但其实我们每过一年，对这些话的理解都会有所不同，我们需要更多的阅历来理解、消化这些为人处世的道理。更重要的是，我们要把这些道理真正用于我们的工作和生活当中，真正做到实处，正所谓说到不如做到啊。

融入团队和奉献精神

万　佩：还有一个非常重要的事情，我们身在职场中一定要清楚，你加入了哪家企业、哪个团队，你就是这家企业、这个团队的一员。无论你自身是否已经认同这家企业和团队，从你签署劳动合同的那一天起，你已经成为其中的一员，融入这个团队，真正从内心上把自己当成团队的一部分，才能够跟着团队的步伐一起成长进步。

　　看问题不能只站在自己个人的角度，要多站在对方角度，站在企业和团队的角度考虑问题，考虑对方为什么要这么做，或者为什么做成这个样子。有的人喜欢对领导给自己分配的任务挑肥拣瘦，对别人的事情挑三拣四，殊不知，别人能做成这样也不是那么简单的。不能融入团队、爱挑剔，根本上讲都是一种自我，是心中存有的一种私心，不具备奉献精神。很多人都会在工作过程中打着自己的小算盘，计较着加不加班、工资与工作量是否匹配。

　　我要用事实告诉大家，"姑婆那些事儿"各个领域的大牛们，没有一个是这种心态。我们跟这些大牛们都有过深度的沟通，也通过约稿的方式邀请他们分享经验。我们很清楚地了解到，他们之所以能在自己的领域里有这样一番成就，他们每天在岗位上的付出永远比常人多一分，他们在下班后在工作上花费的时间，更是常人所不能比的。但是，几乎没有听说过他们有过任何负面的情绪，计较付出的多得到的少。他们做一行爱一行，是有责任心的一群人；他们对工作积极主动，把领导安排的事情做好，把自己的工作做好，对他们来说都是最基本的事情。他们花费更多的时间和精力去探索，去研究业务更深层次的事情，更好的优化方式，更高效的工作方法；他们一开始工作，就把自己完全融入团队，全情投入，结果是什么？付出与回报完全成正比，甚至回报是会超出预期的。

所以，我们要学会奉献，用真心来对待工作和你所在的团队。当你坚持用这样的心态做事以后，你会发现：结果不同凡响。

记　　者：那能不能以您的成长经历为例来说明一下，如何能够成为一个职业经理人，或者最后成为一个创业者？

万　　佩：我是2011年毕业的，我的专业跟途牛的岗位需求对口，也就顺利地加入了途牛。一开始的工作就是做网站推广，一做就做了两年。刚开始做的时候没有经验，也没有什么资源，学校里学的东西都是理论，一时半会儿用不上，老师连最简单的广告跟踪方法也没有教过我，我可以说是什么都不会。当时就从实习生开始，给别人打杂，别人需要帮忙的时候就去找我，遇到不太重要的渠道就让我先跟着。部门开会我就去学习，在旁边坐着不说话，只是听着。熬了两年，有些人离职了，他们要么嫌工资低，要么嫌工作做得不顺利，要么就是有更好的出路。当然，顺理成章地，他们把手里的业务交给了我。交给我之后，又经过一点一点的积累，积累资源，积累人脉，自己做着做着，工作开始有了成果。

到了第三年的时候，途牛要做无线推广了，但是一时没有人选做这块业务，也许因为从外面招的人还没有足够的信任基础，于是在几番斟酌下，领导选择了我。有一天，领导跟我说："要不你去做无线推广吧。"我当时很直接地告诉领导，这个事情我不会，他却告诉我："不会不要紧，你去学嘛，我相信你的学习能力，会很快掌握这块业务的。"我就这样开始了新的领域，又是处在一个边学边做的过程。我在2013年底到2015年这两年的时间里，拼命地在网上搜信息、看资料，同时也去跟有经验的人请教，然后每周最少出差一次，大聚会小聚会频繁参加，就是这样，积累了更多的人脉，也掌握了这个新领域的经营和管理方式。

互联网公司的用人法则

记　者：互联网公司用人，您有什么心得？

万　佩：在互联网公司待了四年多，从上市公司到创业公司，再到自己的项目，看了很多事情，也接触了很多人。任何事情都是人做出来的，用对人了，事情就成功了一半。哲学里有个观点，事物的发展变化有其动力和原因，分为内因和外因。换言之，在互联网的工作里，我把事情的结果的影响因素分为内因和外因。内因是人才，外因是客观条件。其实，客观条件是一致的，或者说，对于同一个人来说，是相对不变的。内因的变化因为人的不同而变化，事情的结果是由人决定的，在外界条件不变的情况下，一个项目能够做好，说明这个人的能力匹配这个项目。所以，我认为任何事情，只要用对了人，发挥他的主观能动性，事情就成功了一半。如果用对人这个项目还是没成功，那么可能是外部因素导致的了。

"互联网+"策略

记　者：大多数互联网公司都不是传统行业背景的，这些企业的创始人一开始创业就做了互联网公司，这些互联网公司在做"互联网+"的时候，他们一般的策略是什么？是招一些线下的人还是其他？因为您上次谈过，虽然他们也有一些线下的人，但是他们核心管理层，全都是互联网的思维，他们之间是如何把这个关系协调好？我想，很多企业都会面临这些问题。

万　佩：我就以途牛为例吧，因为途牛是典型的纯互联网起家的。那个时候，途牛的创始人都很年轻，毕业没几年，他们刚开始并不懂业务，但是他们是旅游爱好者，他们很懂用户的心理和用户的需求。途牛刚开始的时候，是以社区起家的，聚集起来大量的用户，但做着做着就发现，社区的模式离钱太远，赚不了钱，而且做社区的成本又很高，后来就果断放弃了社区。放弃了社区，途牛重新规划商业模式，于是规划了旅游业务。当时途牛一方面去旅行社挖人，挖资历深的人才搭建旅游业务，另一方面培养应届生去学习做业务。现在的途牛团队里有个总经理，1986年出生的，他就是当年以实习生的身份加入途牛，一步一步做起来的。刚加入途牛那会儿，他就背着包跟旅行社边看边学，特别用心努力，大量的知识、信息就这样慢慢积累起来了，能力也随之锻炼了出来。所以，一边是挖人，撑起最初的业务线，一边是培养新人跟着学习做业务。最终哪些人能够成为企业的核心，就要看他自己是否跟企业是一条心、一起努力了。

所以，我认为途牛用这样的方式来解决人才的选拔问题比较稳健，一方面保证了企业项目的进度，另一方面，新人的成长给企业又增加了一层人才的保障，值得我们做企业的人去学习和探讨。

给年轻创业者的建议

记　者：现在有很多年轻人能利用互联网平台来进行创业，您对这些人有什么样的建议？

万　佩：上大学的时候学校的一个老师跟我说过一句话："大学生创业基本都不靠谱。"虽然这是对大学生说的话，但我还是支持大学生创业的。创业不是儿戏，做决定时一定要理性，不是一创业就能够成功的，不能为了创业而创业，更不能看别人创业风风火火就去跟风创业。对于年轻人来说，有机会创业的话，就把它当做一次历练。即使第一次创业失败了，你也获得了不一样的经验，你会明白企业发展面临的沟沟坎坎在哪儿。经过了一次历练得到的经验远远大于在企业好长时间的打工，第二次再有机会创业时，成功的概率就会高很多。

再有就是创过业的人，他的思想格局是不一样的。有这样经历的人，能深刻理解公司的策略，能了解公司的状况，他有独当一面的心态，可以站在老板的角度去思考。这样的人，在一个公司工作也好，未来再次选择创业也好，他未来的发展都会越来越好。

创业者在创业初期，就要注意成本控制，同时更要把自己的现金流做起来，能赚钱的业务先做起来，至少要做到自己的利润可以养活自己的团队。现金流要尽量做足些，企业的资金能够支持团队多活一个月，结果就会不一样。我们创业者一定要把创业当做生意来做，回归做企业的本质，先弄清楚商业模式，弄清楚企业盈利的方向，再去一步一步地发展业务。另外，对于资本的介入要慎重。投资人是最大的商人，投钱的目的就是未来获得更大的利益。对于他们来说，就是以小博大，希望投入的钱能尽快、尽可能多地有产出，所以资本很难做雪中送炭的事情。我们作为创业者，还是自己做好公司的营收是最核心的事情，在这个基础下，如果需要资本来扩大规模，我们再考虑融资的事，也才会更加主动。

黄承松

"卷皮"网创始人及CEO。

2007年,保送进入华中科技大学软件工程专业,在校期间踊跃加入到创业行列,经历过许多摸索和尝试,是一名典型的互联网连续创业者;2012年9月,创立专注高性价比商品的折扣电商——卷皮,同时运营"卷皮折扣""卷皮9.9包邮"等电子商务产品,逐渐形成明晰的商业模式。2013年11月,荣获湖北省大学生创业大赛亚军,被授予武汉市"青桐计划"大学生创业先锋奖。2014年12月,"卷皮"获得赛富亚洲3500万美金B轮投资。2015年,以"卷皮"CEO身份入选福布斯2015年中国"30位30岁以下创业者"名单。

互联网＋「中国质造」

卷皮：优质平价的线上沃尔玛

为传统企业和创业者助力
　　找准切入点
　　给传统企业插上腾飞的翅膀
　　从草根做起——六个月二手现代换宝马
　　大学生创业和「卷皮」的故事

打造「中国质造」的优质平价定位
　　创业初心
　　销售额相当于十几个「沃尔玛」
　　移动互联我先行
　　商品选择主力消费区间

卷皮如何让用户买的放心
　　质量把控至关重要
　　产品、服务与品牌
　　好用不贵
　　线上与线下因势而动

创业不能挥霍投资人的钱
　　团队建立与管理的经验
　　资金的筹措与融资
　　给互联网创业者的建议

"卷皮"是国内领先的平价电商平台，2012年9月正式推出，同时运营有网站和移动APP。"卷皮"专注服务更广泛群体的日常生活所需。以为用户提供美好的生活体验为使命，潜心研究用户生活质量，领先倡导经济实用主义美学，致力于成为品质消费的行业领导者。

"卷皮"以追求平价、优质、简单三大体验为平台导向，以领先行业的服饰、居家、母婴、数码、鞋包、美妆等优质类目，提供品质生活体验解决方案，拥有独家买手及质检团队保证优质精选，平台化规模保证平价惊喜折扣，移动大数据保证需求及商品挖掘。

从国内首创"9.9包邮"概念，到逐渐明晰的优质平价市场定位，"卷皮"以强劲的内在驱动践行着跳跃式前进的理念，已成为当前国内最具发展价值的折扣电商品牌之一。2014年12月，"卷皮"获得赛富亚洲3500万美金B轮投资，拥有用户数千万，女性占比70%，移动占比高达90%以上，平台月交易额达数亿元。"卷皮"先后入选"《创业邦》2014年度中国创新成长企业百强"，获评2015年德勤"明日之星"，入选艾瑞"中国独角兽企业估值榜Top 200"，荣获易观之星"2015飞跃App"、2015全球移动互联网大会最具成长性移动电商以及《经济观察报》2015年度App单项奖。据易观智库发布《中国女性特卖电商市场专题研究报告（2015）》数据显示，"卷皮"移动端月度活跃用户增速高达90%以上。作为2015年度耀眼的新锐电商，"卷皮"于众多款App中脱颖而出，与聚美优品、小红书等共同入围"2015年度最具突破时尚购物类应用"（前4位）。

目前，"卷皮"在深圳、武汉、北京、杭州分别设有办公地点，团队规模千余人。

为传统企业和创业者助力

以新一代信息技术为核心驱动力的第四次工业革命序幕拉开。数十年来,凭借规模优势和价格利器,中国制造早已席卷全球。第四次工业革命袭来,中国将何去何从?

德、美、英、日、韩等国均提出了自己的国家战略,以引领新工业革命的崛起:德国政府2013年提出的高科技战略计划"工业4.0"战略、美国的"先进制造业国家战略计划"、日本的"科技工业联盟"、英国的"工业2050战略"都是其中的代表性战略。在我国,国务院加快布局"中国制造2025"计划,李克强总理大力推动"中国制造2025"与"互联网+"两大国家战略的融合。

从"制造大国"升级为"制造强国",从高产低价的中国制造到优质平价的中国"质"造,还有很长的路。下面看看"互联网+"的电商"卷皮"如何在"互联网+""中国质造=时尚平价"中,助力中国质造之路的吧。

找准切入点

记　者:说到"卷皮",大部分人都觉得陌生,两个本就晦涩的字组合在一起,大多数消费者都不太明白。请黄总给我们讲讲"卷皮"品牌和成长方式。

黄承松:在别人眼中不起眼的"卷皮",对我却是特别的。"卷皮"是一种地道的贵州小吃,一块面皮裹着各种鲜蔬蘸上酱料吃,原生态质朴的滋味,份量也足,好吃不贵。小时候,姐姐经常买"卷皮"给我吃,是我幼年记忆中的特别时刻,它让我十分开心、满足。所以,在我心里,"卷皮"就是实惠、划算、开心的代名词。于是,创业之初,我给这个电商品牌命名为"卷皮",觉得特别贴切。

我来自普通家庭，草根经历让我面对大众需求时，能够以己度人。互联网的聚合能量之大也横生出决策成本问题。"解决问题的方法远比问题要多"，我在尝试一种合理的方式。经过摸索，"卷皮"逐渐确立了专业买手选品议价，而后按规则排序的折扣特卖模式。

回想电商平台上线时，大量商品迅速被一抢而空，多个品类出现供给不及时的情况，我和团队每日"如临大敌"，好在用户反馈不错，圈住第一批用户后，"卷皮"的口碑渐渐打开，一切都按照互联网速度进行，创业团队跨出了一大步。

有了用户，商户不请自来。当时连招商系统都还不完备，商户接踵而至让我们团队又喜又忧。眼看订单堆积，只好一面靠技术推进，一面靠人工处理。招商团队日夜排班，手动录入信息，技术团队加急赶工，程序员干脆把被褥搬到办公室，在公司安营扎寨。经过几天夜以继日的封闭开发，招商系统终于顺利上线。

"卷皮"一路成长，蹦蹦跳跳，在资本的倾注下，电商通俗的"烧钱模式"在"卷皮"被一拖再拖，相较于光鲜亮丽的砸广告、求关注，我更钟情于未雨绸缪，这与我工科男含蓄内敛的性格十分吻合。构建专业买手团队、完善客服系统、自建样品仓库、优化产品、注重用户体验，等等，必须将钱都投入在最现实的环节，在"卷皮"，从CEO到普通员工，忧患意识人人都有。

做"卷皮"是我的连续创业，也是我选择的成长方式。尽管对外的品牌知名度显著提升，公司照旧按计划低调高速运转。对"卷皮"团队和我而言，没有所谓的蓝海红海、寒冬暖春，想到就做，如是而已。

记　　者："卷皮"是如何做到实惠和品质感同步的？
黄承松：在"卷皮"的观念里，低折扣并不能留住消费者，真正留下消费者的是不掺水分的品质感。

作为特卖平台,"卷皮"的用户量不断扩大并深受喜爱,专业的买手使得在售的商品都有实力成为爆款。过硬的质量再加上合理的定价,成为"卷皮"商品销量不断创造新高的不二法宝。

"卷皮"如何带动传统生产型企业?"卷皮"迅猛发展,与之一起成长的企业有什么特别的故事?"卷皮"对大学生创业有什么扶持的事例?下面的实例就给出了回答。

给传统企业插上腾飞的翅膀

被誉为人间天堂的杭州是华东著名的服装基地。得天独厚的人文底蕴和秀丽的自然风光,使这里的服装往往拥有不同寻常的气质。靓紫星服饰有限公司创立于2002年,是一家集生产、设计、加工、营销于一体的专业化时尚女装企业。一直专注于实体销售的靓紫星,在网络营销的浪潮前跃跃欲试,可其信心满满地入驻某大型知名网络平台之后,销售量仅为日常批发的二十分之一,身为老板的李明(化名)很失望,也很无奈。

而与"卷皮"的相遇,却让李明的窘境柳暗花明。

10月,盛夏不再,寒意渐浓,厚实的冬装开始成为消费者的关注对象。于是,李明找了一件羽绒服参加"卷皮"的单品导购活动。这是一款女士时尚羽绒服,具有良好的抗寒防风和透气性能,样式简洁,深受20至30岁的青年女性喜爱。由于此前试水网络销售并不成功,这次与"卷皮"的合作,李明并没有报太大希望。谁知只用了半个小时,顾客挑选的羽绒服最终销量竟整整提高了十倍。李明在兴奋的同时,也明白了一个道理:做网络营销和实体营销一样,都要在合适的地方买合适的商品,这样才能最大限度地抓住消费者、抓住市场。"卷皮"就是这样一个地方,对品牌折扣进行聚合,定位明确注定了其较高的转化率。从此,李明的网络营销之路如火如荼。

随着"卷皮"平台规模的扩容,进驻品牌成倍增加,如何在众多品牌中脱颖而出,成为李明亟待解决的问题。在网络平台上,最直观展现给用户的便是价格,低价总是最能激发用户点击的。而现实是,在保证盈利的情况下,低价意味着要降低成本,而成本降低往往是以品质的牺牲为代价的。这是一杆秤,如何平衡全在自己。在与"卷皮"持续交流的过程中,李明最终坚定地选择了转型,开始对品质更为严格地把控。

于是,靓紫星更加专注于品质保证和产品创新,每一次"卷皮"提出的质检要求,靓紫星都会积极配合。参加"品牌团"活动的商品都是优中选优,靓紫星价格不是最低的,但却是用户最喜欢的品牌之一。也是从这个时候开始,靓紫星开始有了发货的压力——订单量又翻了几番。

2015年9月19日,"卷皮"三周年庆大促,因此,早在半个月前,便已开始大规模地投放广告。李明确信,此次大促会将订单量带至新高度,他的团队早在8月份就开始着手为这次大促做准备。最终销量仍然大大超出李明的预期,用爆发式增长来形容不为过。

就这样,靓紫星从一家不懂网络营销的传统服装企业,与"卷皮"同步成长,网络销售量突飞猛进,品牌定位也日益坚固。而在"卷皮"的发展中,类似于靓紫星这样的企业还有很多很多,都说商场如战场,而"卷皮"和众商家将"共赢"二字进行了完美的诠释。

从草根做起——六个月二手现代换宝马

贝勒(化名)也是创业大潮中一个平凡的小人物,像他这样带着几个人的团队一往无前地投入到某宝卖家行列的创业者多如繁星。对于很多人来说,命运改写的机会稍纵即逝,有的抓住了,有的则没有。而贝勒无疑是那个能笑到最后的人。"卷皮"改变了贝勒三年网店店主的人生。因为"卷皮"的标准高,很担心自己达不到要求,贝勒小心翼翼地参加报名，配合审核，最后如愿加入"卷皮"特卖平台，改变也由此开始。

"卷皮"有成熟的客服团队，并且形成了有特色的服务体系——同时肩负售前和售后的工作，这让贝勒开始时感到很诧异，因为它与其他网络平台不同。自从加入"卷皮"后，贝勒再也不需要在电脑前每天答复重复而又繁琐的诸如"尺码偏大还是偏小""什么时候发货""快递要多少天"之类的问题了，只需要配合"卷皮"处理退换货的事宜即可，工作量骤减，可销量节节攀升。加班是常有的事情，就像两个挚友一同奋斗一起成长。

随着贝勒家的商品销量越来越好，贝勒变成了"卷皮"的铁杆商家拥趸，双方再不仅仅是合作关系，除了自觉遵守"卷皮"赏罚分明的质检制度，他还会在每次随机抽检的时候第一时间主动配合，有时扮演神秘买家在"卷皮"平台上购买其他商家的商品抽查质量是否过关，并反馈建议给"卷皮"，成为"卷皮"热心的小伙伴。对于贝勒来说，认识"卷皮"后的生活日新月异：团队从半年前的四个人发展到现在的十二人，还雇了提货司机每日去托运站提货。在与"卷皮"的合作中，净利润像滚雪球一般发展，最直观的表现，就是贝勒将之前五年工作积攒来的二手现代小轿车换成了全新进口宝马5系，而这翻天覆地的一切，仅仅发生在贝勒加入"卷皮"平台后的六个月。

大学生创业和"卷皮"的故事

2014年，"切糕王子"阿迪力·买买提吐热搭借"卷皮"让三名在校大学生把一座昔日的小作坊摇身一跃成为现在员工超过100人、市值超过3000万元的企业。2014年初，那时的"卷皮"已经是第三方导购中的翘楚。在一次美食活动的挖掘中，"卷皮"萌生了想做一个高性价比的美食活动的意愿。用户普通食物吃多了，不如找点地域性的特色美食。商家很多是出品特色美食的当地人，工艺传统，味道正宗。搜罗了很久，找到一家叫买买提切糕的淘宝店，用户的评价都不错，只做切糕。跟店主买买提沟通后，才了解了这三名大学生的创业故事，他们想要将通过切糕让人们重新认识新疆传统美食的想法打动了"卷皮"，尝试之后发现味道也非常正，于是选定了他们。

因为买买提三人还是大学生，确认他们的身份后，还特别帮他们申请了特殊通道，以及不错的活动位置。"卷皮"商务当时特别担心他们会不能及时发货。因为他们还是第一次参与活动，又是学生，要上课又要制作切糕。订单量一大，很可能发不了货。"卷皮"商务跟他们反复强调了这一点，还帮他们预估了大概的订单量。也许是因为以前切糕这类食品很少出现，且诱人的性价比高，活动推出后，用户反映非常好，当天就有了不少订单。这三个小伙子高兴坏了！虽然有些意外，但因为提前做了准备，发货也还顺利，好多用户吃上了正宗的切糕。

之后，买买提和"卷皮"继续进行了深入合作，效果良好。"卷皮"的专业商务人员还会从用户的角度，不断为其提供商品改进意见，三位"切糕王子"不断进行工艺改进，买买提切糕从最初简陋包装、价格口味单一发展到多种口味、不同价位的产品线。这对于当时还处于初创期的三位大学生，有非常大的帮助。

就这样，买买提的切糕店步入正轨，他们三人为切糕奋斗的故事也逐渐流传并获得人们的认可，甚至于5月份出镜了央视热播的美食节目《舌尖上的中国2》。如今，买买提已经拥有自己的企业和工厂，销售稳定。2015年10月，在首届中国"互联网+"大学生创新创业大赛上，买买提带着他的"切糕王子"创业团队摘得金奖，获得2000万风险投资。

成功的人总是不忘初心和感恩。被媒体问到网店初期怎么成功推广时，"切糕王子"们不止一次提到，2014年初与"卷皮"的相遇和交流，是一次影响深远的转折，不仅让他们的网店业绩突飞猛进，也教会他们如何做好一个以优质产品立足的商家。"卷皮"对卖家负责，更对买家负责，怀着热忱的梦想做有良心的生意，用心服务，把更多优质又实惠的商品带给了用户。

打造"中国质造"的时尚平价定位

创业初心

记　者：当初您在那么有前途的华为公司,且职业发展也很顺利,为什么想起了创业?

夏里峰：大学时期,我参与过互联网视频项目PPlive的初创。毕业后去华为工作,期间被派到海外两三年,但还是对大三参与创业的那段经历记忆犹新,创业的激情种种不时萦绕在脑海里,于是,最终还是选择了创业。

记　者：因为现在互联网企业多是短时间之内迅速发展起来的企业,所以我们对于"卷皮"这一类企业的企业文化在大众传媒上看到的并不多,请您大概介绍一下"卷皮"从诞生到现在的发展历程。

夏里峰：最开始"卷皮"是诞生在一个大学生的团队里,我和CEO黄承松一起从学校出来,起初还是在民宅里去做这个事情,当时就是想创业。第一,选择什么方向呢?选择传统领域出发,需要人脉需要资源需要很多,我们并没有这样的资源优势,所以选择互联网领域;第二,选择什么项目什么细分领域呢?游戏我们不擅长,社交也不擅长,但在信息化电商这个领域,与我们的历史积累吻合,还比较可行。所以,我们选择从这个领域切入。

最初只是想着把网络上符合十元店、"9.9包邮"的商品搜索拣选出来,像超市的商品宣传册一样,整理出来给用户看,看大家会不会喜欢。没想到做出这个产品之后,用户的反馈和黏性还比较好,把用户抓住了,验证了这是一个不错的做法,于是,早期的十元店方式就这样诞生了。那个时候起，用户量开始迅速增长，团队也在扩大，公司的方方面面都开始成长。

这个过程中也有很多痛点。一定阶段的时候，发现仅仅把商品搜罗放在一起，太简单，增值不够多，于是我们开始对商品干预，对商品内容、质量和款式进行干预，对商品进行筛选、议价，把一些原价偏高、有浮动空间的商品价格砍下来，最终约束在一个平价区间。于是，我们就超出十元店的价格范围，上不封顶，确定了平价的路子，"卷皮"的品牌思路再次刷新。

继续这个思路前行。如果交易资金通过我们管控，由"卷皮"支付，又会有怎样的变化？这就进入第三个阶段——特卖。特卖加强了对质量的把控、供应商的优化，对商家商品有了更多约束。最终发现用户非常满意，用户黏性继续加强。第三阶段还在继续，有了要做仓储的需求，因为只有这样，我们才能对商品交付进行约束。

公司在这样快速发展中经历了五六次搬家过程：从武汉总部变成武汉、深圳双总部，再到武汉、深圳、北京、杭州四大分公司建立。人数也从几十个到现在千余人，用户数跻身移动电商的一流集团，完成了一系列的变化。但有两点永远不变：第一，致力服务的目标用户群体；第二，优质平价的购买追求。这就是"卷皮"简要的发展历程。

记　　者：我想请教两个问题，第一个您说在电商方面有优势，我就想问您："9.9包邮"也不是很容易做到的，那您的团队是用什么样的资源做到的，还是通过什么样的努力做到的？

夏里峰：有几个方面。第一，特卖的商业模式会在短期内给单一供应商大量的订单，销量占比高，有压价能力。第二，用户量大，订单量大。第三，我们选择的供应商是中小型的供应商，去品牌化，去多余利润化，再加上买手团队的精选，让用户和订单之间的关系更精准，我们每天上那么多的新商品，而且价格还合理亲民，可能看起来简单，其实很难很复杂。但我们确实通过这几个方式做到了优质平价。

记　者：这几项里面，让你挑一个最核心的，是哪个？

夏里峰：我觉得商业形态和用户规模，这两个是并驾齐驱，这两个都算。

销售额相当于十几个沃尔玛

记　者：我们知道"卷皮"在国内一共有四个区域中心，在你们四个区域里，现在大概有多少员工？

夏里峰：武汉的人最多了，深圳的人数第二，北京、杭州正在扩充。

记　者：现在每年的流水额，您说的是十几个沃尔玛的销售额，能说出具体的数额吗？

夏里峰：2015年，接近40个亿的交易金额。40个亿大概是个什么概念呢？历史数据显示，沃尔玛单店是2.7亿，所以说"卷皮"是十几个沃尔玛单店销量，这样说比较好理解。

移动互联我先行

记　者：作为移动互联第一集团的电商企业，您是在什么时间点进军移动互联，您对移动互联怎么看？

夏里峰：移动App，我们在两三年前就上线了。

记　者：迅速成长是在什么时期？

夏里峰：从2014年第三、四季度开始。

记　者：方方面面都起来，跟大环境的提速有关？

夏里峰："卷皮"的移动增长跟大环境肯定是分不开的。智能手机不断渗透、网速提升、网费下降，与这些都有关系，但是和我们自身的决策也有关系。我们决定朝这个方向发力，朝这个方向布置人力、资源，事实证明，我们走对了路。

记　　者：您当时预计移动互联跟传统的PC端，它应该是一个什么样的比例？

夏里峰：未来移动是绝对优势，但可能会恒定在一个点上，七三开或者八二开吧。

记　　者：用户量是怎么提起来的？

夏里峰：用户量的话，其一，是以前用户积累的基础，其二，还是我们走的路线奏效。用户对我们的服务、商品、定位满意，选择留下来，这样就积攒下来了。

记　　者：前期积攒也不容易。

夏里峰：积攒分两个方面：进来、留下来。如果把留下来的做好了，即使你新进来的慢一点，一样会有好的结果。如果你拉新很厉害，但是留不下来，更加得不偿失。我们这两点都还不错。拉新上面，我们能根据用户定位，找到一些免费的流量手段（如SEO之类的流量手段）获取用户。在留存上面，"卷皮"商品好、服务好、定位准，用户也愿意留下来。这两者一起作用，就能让用户量稳步提升。从PC到移动，我们一直都是这么做的。

商品选择主力消费区间

记　　者：商品，现在主要分哪几大类？

夏里峰：服饰、居家、母婴，是核心类，占60%，然后是其他类别，如文体、数码、美妆等。

记　　者：选择这三项核心类，是什么考量？

夏里峰：因为这三个类目很好地覆盖了我们目标消费群体的主力消费区间。

记　　者：建立"卷皮"，除了创业还有别的初心吗？

夏里峰：我与合伙人黄承松还真没别的想法，就是想创业，想自己干点事去满足一些用户需求。我们看好这种方式。一开始没有别的想法，觉得这个方向不错，用户的需求不错，至于满足这个需求之后是否有社会影响力、产业影响力、生态影响力，我们当时没想这么多，但是越做越具备这些能力。

第一，"卷皮"2015年交易规模等于十几个沃尔玛实体店的销售规模；2016年的话，至少可以再翻几倍。

第二，对于很多中小型供应商，"卷皮"在其销量里占比很大，"卷皮"建立起的这个链条，可以让他赚到钱，可以让供应商从一个小团队变成一个大团队，所以"卷皮"具备让供应商与我们一起抱团发展、一起成长的能力。而另外一端，"卷皮"能为用户有效降低生活成本、有效抵抗通货膨胀，对广大用户的日常生活改善有很重要的意义。

如何让用户买得放心

质量把控至关重要

记　者：你们怎么进行质量把控的？
夏里峰：当然有，也必须有。要想让用户满意，多次反复来购买，除了价格符合他的心理预期外，质量也一定要符合他的内心诉求。
记　者：您是怎么做到的？
夏里峰：我们每一个买手都要对质量负责，对售后率负责。每一个商户都提交了质量保证金，出现问题，商户要补偿给消费者。还有，"卷皮"自身的退货制度。此外，还有抽检。这几条综合在一起，来保证质量。
记　者：你们只是跟消费者一样看外观样子，还是有更深层次的东西？
夏里峰：质检团队有基于日常经验的一些常规的检测要求。比如，服装专业的员工，会按标准评估判断材质的级别情况，是否符合要求。

记　者：大概有百分之多少的产品，你们会这样做？

夏里峰：百分之百，我们有个数千平方米的样品仓库。

记　者：现在做同类电商的，跟你们有可比性的有哪些？

夏里峰：楚楚街、唯品会。唯品会可能只是在价格上跟我们不一样。

产品、服务与品牌

记　者：粉丝的经济就是卖产品？其实在用户运营上，您是怎样抓住他们让他们黏度更高、持续购买？除了买东西这点外，还有没有别的？

夏里峰：我们有我们的粉丝，但是有粉丝和做"粉丝经济"是不一样的。我们就是做好商品，做好服务，这才是我们抓用户最有效的办法。前段时间，一些比较花哨的功能，比如做个游戏、签个到、做个社区、做个杂志等，我们有足够的人力可以这么做，但是我们没有去做。我们觉得，持续认真地把商品和服务做好了，消费者是看得见的，也会认可。这就是最棒的。前面列举的，其实只是早期阶段的一些玩法，到中后期的话，就很难去靠这些获得特别大的效应。像天猫、京东、苏宁、国美、唯品会，他们也不太会孤注一掷，大力依靠粉丝。

记　者：在这个品牌的印象里面，你们有没有更深地去植入给用户？

夏里峰：这是我未来希望做的事情，虽然现在还没有做。我希望渗透到我的目标用户，70%以上的女性，在18—35岁年龄之间，聚集在都市里的工薪阶层，消费优质平价商品。"卷皮"能覆盖她生活的方方面面，让她在生活中经常能想到我们，这就是我想要达到的。这确实和商超的理念非常接近，比如我们现有的居家、母婴、美食品类，涵盖了女性日常购物生活的方方面面。

记　　者：您希望消费者想到"卷皮"的第一个印象是什么？

夏里峰：东西靠谱又划算，如果要用理念概括，就是：优质平价。

记　　者：现在，用户的印象是否已经是这样？

夏里峰：略有一些形成。其实，我是想通过用户印象的积累，来打造"卷皮"的品牌，让用户对里面的商品产生信任。

好用不贵

记　　者：从价格到质量上，其实天猫或者是淘宝也是这样的，您是怎么区别的，既实惠质量又好？

夏里峰：有巨大的差别。淘宝、天猫是完全开放，只要不违背法律法规，不过多干预，所以价格特别的混乱，完全搞不清楚到底应该是什么价位，永远都有最便宜的，这就给用户造成选择困难。我们是重度运营，把优质商品的价格回调到合理区间，方便让用户去选择。所以说，这就是我们的核心区别。因为知道我们这里的商品不仅质量不错，而且平价靠谱，所以用户买得放心。

记　　者：所以您选择统一去做这个商品的管理，没有选择让他们独自管理店铺？

夏里峰：对，没错，这种管理无非就是三种方式：一个是任意上下价，商户自由管理；第二个，平台把货买回来，自己来卖；第三，自营。我们是介于第二种与第三种之间的，在内容上是类似于自营的做法，在库存上又不承担自营的风险。

记　　者：这个货还是他们商家来卖。

夏里峰：对的，包括在未来。如果做仓储，会让商家把货发到我们的仓库，由我们来统一配送，保证用户体验。因为是闪购、特卖，我们的售卖周期短，发货给我们，二十天就处理完毕了，不需要放两个月，比沃尔玛的还短，商家也喜欢。

线上与线下因势而动

记　　者：除了网站自己本身，还有别的方面的宣传吗？

夏里峰：宣传是立体的、多方面的：市场推广、市场营销、品牌推广、品牌营销、公共关系，都是要宣传的，所以分很多，比较立体。比如流量宣传，我们要在应用商店里做广告，在新闻客户端做广告，在QQ空间里做广告，在PC端和移动端做广告，在微信里面做传播性的文案，做线下宣传，跟别的品牌一起做联合活动，在电视、地铁、公交、电梯、电影院做广告。太多了。

记　　者：有没有考虑过别的方式，比如活动性的宣传？线下的渠道？

夏里峰：线上活动好做，您说的线下渠道很难。

记　　者：前天看到一个消息，很多电商在做线下一个店，反向去做的，这个逻辑您怎么理解？

夏里峰：这个逻辑，我觉得其实就像事情做大了以后，线上和线下可能要互相渗透了。京东做大了，就开始渗透仓储，仓储做大了，就开始渗透物流，就像八爪鱼一样，不停地去延展。线上能力特别强了，布置线下是无可厚非的。线下能力强，例如国美、苏宁，反哺线上。两方面都要有，最终是做一个消费类的品牌。到底是在线上还是线下，最终大成的时候，就不那么重要了，因为这是必备的全局的能力。

记　　者：您有没有想要去铺线下的事？

夏里峰：暂时没有，但是未来也是必经之路，只不过看什么时机适合我们而已。

创业不能忽悠投资人的钱

团队建立与管理的经验

记　　者：在发展过程当中，有没有过一些坎儿？

夏里峰：大的坎儿没有，小的一些困难肯定是遇到过的。

记　　者：早期跟着您起步的团队大概有几个人？

夏里峰：早期的话，CEO是黄承松，我是总裁，跟着我们起步的人的话，有四五个，现在都在我们公司里。

记　　者：咱们创始团队这几个人，最早工资比较低，他们是怎么加进来的，是用一个什么样的概念，他们就来了？

夏里峰：在那个时候，还是觉得我们做的事情靠谱，希望跟着我们一起成长。我们处于起步状态，那个时候加入的人，希望跟着一起成长。其次，他们也认可这个事情，很看好，觉得有前途。

记　　者：给他们什么承诺了吗？

夏里峰：必要的承诺和回报，是应该的。

记　　者：您有这么多人，又有这么大的销量，也算是一个大中型企业了，在管理上有什么特点和心得？

夏里峰：第一，朴实踏实，"卷皮"还是比较中规中矩、稳中求进的。第二，人际门槛低，因为年轻人比较多，年轻人管理年轻人还是比较轻松的。第三，用人所长，"卷皮"倡导工作是个人擅长且热爱的，比如武汉的一些买手团队，经常说这工作很符合他们的兴趣爱好，大家干得还是比较开心的。

记　　者：20世纪90年代我去华为采访，它有一句话让我很震撼：人人争做雷锋，但不让雷锋吃亏。您在华为，华为对您有什么样的影响？

夏里峰：华为几乎所有的名言警句，我都认同。您刚才说的"人人争做雷锋，但不让雷锋吃亏"，意思就是大家认真努力工作，你的努力工作，管理者、同事、客户都是看得见的，并会在某些地方回报你，而不是让你默默无闻地努力奉献。

资金的筹措与融资

记　　者：你们的启动资金是怎么获得的？

夏里峰：我们的启动资金是自有资金，赚了一点点再投入市场，就是这样从零起步的。

记　　者：我不太理解，是您在别的地方赚钱，在这投入，还是说在这个事上赚一点再投入一点？

夏里峰：第一是以前接过一些外包项目来供给公司，第二是早期的业务开展还不错，一有利润就立刻投入发展，小步快跑。主要来源于后者。

记　　者：第一轮融资是怎么样的情况，当时那个环境好不好融资？

夏里峰：那个时候融资，其实没有现在情况那么好。那个时候其实环境比较冷，资本方面比较紧。但我们还是比较顺利地拿到第一笔启动资金，因为方向比较被认可。

记　　者：当时在投资的那个过程当中，就已经在良性循环了吗？也就是说，它已经能养活自己了？

夏里峰：可以。

记　　者：投资人看好"卷皮"，是因为你们很稳重，市场很好，又能让自己的产业现在就可以养活自己，是基于这几点吗？

夏里峰：我觉得都是。理性的投资人投资项目，绝不会简单地因为一个点认可整个项目，通盘考虑，多点达标，才可能会投资这个项目。特别前几年互联网远没有现在这么疯狂，投资人会更谨慎一点。

记　　者：那之后的投资更看重您的哪块儿？

夏里峰：市场要大，运营数据要好，团队能力要综合，全面前进，这三点。

记　　者：今后还会走融资上市这条道吗？

夏里峰：按发展的情况而定，需要大量资金的话，可能还会再融资。

给互联网创业者的建议

记　　者：从创业到现在，您的竞争对手，我们称为行业环境吧，有什么样的变化吗？对手越来越多吗？

夏里峰：整体局势已定，新进的对手很难做好。

记　　者：那后面创业的人该如何创业？

夏里峰：从电商整个大的领域来说，永远有新的想法和项目可以做。但从"卷皮"切入的小领域，能到达一定阶段的新晋项目不会很多。行业环境已有一定定型，想到达一定用户交易规模，需要更多资源、资金投入，需要各方面能力都很完备，新进入者很难做到。当然也许他有其他的目标，对用户要求不高。

记　　者：对于想创业甚至在互联网创业的这些人，您给他们一个什么样的建议？

夏里峰：我是持积极鼓励的态度的。有的人认为大学生不该创业，两把刷子都没有，凭什么创业？但我觉得，这个世界是多元化的，如果真有想法，你就去创业，即使你碰得头破血流了，也算是给自己一个教训，明白了自己的短板在哪里。不要认定他们眼高手低，如果真有能力，一定能闯出来，脱颖而出的。方向上，我也认为完全是百花齐放的，但有一点必须要提出来，我觉得还是要厚道，不能忽悠投资人的钱。这一点其实很实在，创业是为了实现理想的，挥霍投资人的钱、套投资人的现，太不应该。年轻人志存高远，要坚定信念、脚踏实地，要有远大的抱负。最后，祝创业者们都能实现自己的理想！

张笑禹

佰思源执行董事。

经历过很多行业(餐饮、服装、贸易、工程),在传统生意场中摸爬滚打多年。曾发明坤仪播放器和净水器节水箱。善于在生活中寻找商业机会。带领团队始终坚持终身学习、不断创新,以用户的价值为企业的核心价值。2015年,联合创立北京佰思源科技发展有限公司,创立了"素食惠"品牌。

互联网＋素食

佰思源：素食文化新平台

从传统行业走来
为什么做素食平台
独特的素食经历和感受
拯救动物就是拯救自己
素食=环保生活
「文化＋购物」的运营
走出差异化之路
给创业者的建议

北京佰思源科技发展有限公司，是一家集线上线下为一体的多元化企业，目前有"素食惠"平台、广告服务两大主营业务，致力于素食的推广、素食文化以及传统文化的传播。

"佰思源"三个字，其中"佰"意为聚集，寓意海纳百川、以人为本；"思"意为思考、感恩，企业只有在前进过程中不断地思考改善，才能锐意进取，走在创造社会价值的正路上，所获财富取之于民，更应带着感恩的心回馈社会用之于民；"源"为根源和本源，寻求问题发生的根源，从事情本质去解决问题，是企业经营中的核心理念。

"素食惠"将是B2C模式的，以文化为导向的电子商务平台。他们的原则是严格遵循"取其地，采其时"，不惜时间、不在乎距离、不计较成本，寻觅到食材正宗的生产地域，等待最佳的采摘时令时节，将能找到的最好食材，呈现到爱好者的面前，与大家分享；吃喝、旅游、品味生活，只为了他们所奉行的理念——"素"造一个健康的你！

从传统行业走来

记　者：在"佰思源"之前您是做传统行业的，具体做哪个行业？选择互联网项目行业跨度这么大，您之前也没有任何互联网产业方面的基础，为什么做出这样的选择？

张笑禹：我所涉猎行业比较多，最初是做餐饮起家，之后又转做服装，在"佰思源"之前做装饰工程做了好多年。最有挑战的一段是做装饰工程行业时，承接的第十二届全运会锦州赛区羽毛球场馆室内装饰工程，我们之所以能承接这个项目，也不是偶然的，背后付出了很大的努力，现在想起来，一把辛酸一把泪。刚到现场时，场馆整体的土建刚刚完成，很壮观。一看这个场面，我的心里很激动，虽然没有接过这样大规模的项目，但信心却很足。在勘察现场的过程中，遇到了很多技术难题，最难的是静压风箱的除噪音和防火设施的施工，曾经来了四拨儿人，谁都解决不了。我们反反复复研究了一个月，单是找问题就花了这么长时间。最后发现是一张图纸标识不清造成的，施工也因此无法进行下去。从这一个点出发，我们直接找到了哈工大设计图纸的教授，因为只有设计图纸的人才能解决这个问题。图纸问题解决后，刚开始施工，没想到问题又来了。静压风箱的工程还没完成，就出了一个事故，有个工人不遵守施工安全条例，人摔到了静压风箱上，把板子踩漏了，工程因此重来一遍。做工程最提心吊胆的事儿，就是施工工人的安全问题。在工地上，人不听话是很危险的，会付出惨痛的代价，轻则残废，重则丧命，绝不是开玩笑的。而有些工人们自己对安全问题没有足够的意识，最担心他们安全的是我们这些管理者。还有一个工人在架子上施工，那个架子有三层楼那么高，他嫌麻烦没系安全带。我当时抬头一看就急了，冲着他就嚷，让他赶快系上。这个工人见我来了，算是给我个面子，系上了。没想到刚刚系上安全带就出事儿，他从架子上脸朝地面摔了下来，是安全带救了他一命。这还是小事，还有一次施工用的脚手架整体倾斜，差点要了数十人的命。所以工程的事儿，始终干得心惊胆战的，突发事件随时可能发生，就是盯得再紧也不能100%保证不出问题。

现在建筑行业逐渐趋于饱和，装饰的市场也随之萎缩了。不只是这行，其他传统行业也是受发展模式的制约，越来越不好做了。我最初转向互联网就是想学习互联网的新模式，跟上时代步伐，也是有心想通过互联网帮助传统企业、带动传统行业发展。刚开始时对互联网不懂，但是看着好多的传统企业效益不好，门店一个个的倒闭，心中的使命感和紧迫感日益增强，更想尽快找出新的出路来。后来才知道，互联网时代改变了人们的消费习惯，网上购物的频率成倍增长，消费观念也随之发生变化。我原来也做过淘宝网店，小试牛刀，当时做的是工艺礼品，销量还不错。后来就碰到了我现在的联合创始人李兆瑞，他是互联网的老人，一直在互联网行业里做市场推广。我们两个资源互补，能力互补，一拍即合。当时就共同想做一件事，帮助传统行业的人做市场，让他们在互联网时代跟上发展的步伐。

记　者：你们团队为什么把企业名称定为"佰思源"，做这个企业的初心是什么？

张笑禹：我们当初在创办企业时，起名为"佰思源"，包含了我们的愿景。"佰"有统领聚集的含义；"思"是包容、感恩；"源"是源头、本源的意思。我们希望整合互联网资源和线下资源，让企业保持盈利、良性发展。"佰思源"企业创立的初衷就是要坚持做有社会价值的项目，做对用户有利的项目，做市场中的趋势行业，希望通过"佰思源"所有伙伴的共同努力，真正实现企业发展，带动国家和社会进步，让百姓真正受益。佰思源科技的发展路线，则是以文化和电商两大方向为核心，我们不是打着文化的旗号做事，更不是为了文化而文化。在信息爆炸的今天，人们是有了解产品背后信息需求的，这些信息正是一个产品文化的具体表达，而不再仅仅是产品本身的规格和使用说明书。另外，我们有计划自建广告体系，成立自有的广告渠道，一方面为电商平台的推广铺路，一方面也是顺手打造自己的广告平台。这样可以在平台的推广上变被动为主动，也为企业节省大量的投放预算。

"佰思源"旗下的电商平台"素食惠"在创立之初，同样也是蕴含了文化的因素在里面。"素"指的是素朴、简约；"食"指的是天下食材，民以食为天，"食"的文化很悠远，吃得健康、放心是我们要传递的理念；"惠"有惠泽的含义，感恩天地万物，给我们美好的生活，同时也表达了我们做事业希望惠及于人的初心。

为什么做素食平台

记　　者：素食平台作为主项目在整体规划中的价值是什么？

张笑禹：我们出来创业，要始终坚持自己的原则来做事。创业的目的不是纯粹为了自身利益的满足，做事就要做利于消费者、利于合作伙伴、利于自己的"三利"的事。做项目要有益于消费者，让消费者满意，在消费的同时获得价值，企业才能更好地发展；另一方面，要有益于合作者，让合作者获利，合作才能够更加融洽而长久；最后才是有益于自己的企业。前两者都做好了，自身企业的价值就会自然形成。

做素食项目的初心也是如此。我们自身体验过素食的益处，我们大力传播素食的好处，希望更多的人能够调整饮食结构，提倡每日一素，或者是每周的食谱中增加几餐素食。我们逐渐地带动一批批人这样做，他们就会慢慢体会到素食对生活的改变，跟我们一样成为素食生活的受益者。受益的人越来越多的时候，动物食品的市场份额会随之而缩减，人们对动物食品的依赖减少，会有更多的动物免遭杀害，生态环境也会随之慢慢变好。所以，吃素食，放动物们一马，人人有这样的慈悲心，自然与社会将更加和谐。另外，素食会降低人们在看病这一块儿的支出，坚持素食的人群身体更健康。这些是经营素食行业的社会价值。

从商业价值来讲,素食的推广,素食理念的传播,会带动素食及周边产业的发展,使得更多的健康产业得到消费者的青睐。从种植到生产加工,到上市销售,整条产业链都将随之发展。

独特的素食经历和感受

记　者:素食这个领域很新,您的创始团队也都是素食者吗?素食对于当代人生活,有哪些实际的意义?

张笑禹:先说一下共同创始人李总的素食经历吧。李总本身是资深互联网人,他第一次体验纯素食的饮食是在2008年。当时他在研究健康养生,食素就是想验证一下素食有什么好处,感受一下素食以后身体的变化。那一次的体验时间不算很长,大概半年的样子。据说身体的变化还是很明显的,脸上长的痘明显减少了,肠胃也明显变通畅了,但由于素食的时间比较短,再加上当时身体本身就很健康,没有出现强烈的对比,所以还没有想就此坚持下去。这之后,他由于工作透支,病开始找上门来了,亚健康的症状基本上在他身上都能找到。2010年下半年的时候,他的身体变得没有力气,肠胃病严重,吃的饭积在胃里下不去,严重的消化不良,还伴随着严重的便秘,思维也没有之前灵活了,感觉脑子转不动了,整个人一副病态,生活质量也直线下降。那期间,朋友介绍找中医看病,调身体。中医大夫首先提出的就是让他坚持素食,尽量不吃肉,同时忌辛辣油腻。医生的话哪敢不听啊,何况让亚健康状态折磨了很久,迫切希望能好呢。这是他的第二次素食经历,纯是为了养病,一直吃了大半年的素食。由于比较听话,随着一点一点地调养,身体慢慢地好了起来,大部分症状消失了,这也验证了素食对身体的恢复确实有很大的帮助。素食比肉类食品更容易消化,有助于胃病的缓解。另外，素食一段时间以后，其实人的状态是更精神了，耐力更好了，并非像有的人口中传的那样，不吃动物蛋白就没有力气。虽然自己已经受益了，但第二次的素食过程还是没有就此持续下去，病刚刚好了点就随着朋友的习惯而改变，自己又慢慢吃起了肉。很多素食的人都有相同的经历，健康的生活方式需要养成。

2012年初我见他时，他身体上亚健康的状态虽然好了很多，但是一个青年人应有的朝气活力却不充沛，很多二十多岁的年轻人，看着也健康，但不是那个年龄阶段的精气神。我见他第二面，我们就谈到了世界上的生命本来就是平等的，由于人类对于口腹欲的贪念，对动物大肆杀戮、虐待生命，破坏了整个地球的生态环境，也是在破坏人类自己的生存环境，断子孙后代的路。我就劝他坚持吃素，不要杀生、伤害生命。既然他也说内心对生命很尊重，为什么不表现在行动中呢？他的第三次素食一直坚持到现在，已经是第五个年头了。

在日常生活中，素食是一个很平常的事，我们身边的很多人选择素食，是因为从身体健康出发选择素食并且受益了，更多的是有环保意识，是在维护好自己这颗善良的心，是希望自己和家人身心健康。马斯洛的需求理论也告诉我们，当下的社会丰衣足食了，当代国人有为社会的发展、人类的发展做点正能量的事的需求。

记　者：请您再深入谈谈，素食到底对健康有什么好处。

张笑禹：素食对健康的改变，只有亲身体会过的人才会知道。很多人刚开始素食的时候，跟朋友一块儿吃饭还会有那么一点不适应，这个不适应其实来自于同桌的朋友，他们对于素食的饮食方式可能不认可也不接受。总有那么一拨人有这样的声音：人类好不容易站在了食物链的顶端，不吃肉还有什么乐趣，不是白活了嘛，对不起做人这个身份。还有那么一群人，经常会疑惑：

素食能行吗，会不会影响健康啊，吃成营养不良怎么办？

这些声音全部来自于从没有素食经历的人，他们的这些说法不过是自己认为的理论罢了，从来就没有过足够的依据支撑。当然，我们也不能只凭着亲身经历告诉大家，素食是健康的，关于素食的研究，其实美国早就做过，中国一些科学家也在研究。通过研究素食者与肉食者的健康状况发现，素食带来的健康受益更大，而且素食者比肉食者更长寿。这些资料我们都可以从网上查到，关于一些具体的数据报告，都可以找到。我身边有好多的素食朋友，当然也有更多的朋友是肉食者。你会发现，这些素食朋友更爱食用的水果、蔬菜、坚果和豆类等食物，这些都有助于降低癌症、心脏病和糖尿病等疾病的患病风险，有助于控制身体的体重，也有助于促进大脑健康。所以，素食的朋友中很少有胖子，至少我身边没有。他们也不是很瘦，身材大都比较均匀，他们的气色都不错，皮肤也比较紧致有光泽，看起来也很有精神；而肉食的朋友就不一样了，我有好多同学和朋友，岁数只有三十出头，从上到下，一身的肥膘，他们好像都有一个共同点，就是岁数越大肚子越大。身材偏胖的这些朋友，他们的饮食结构很不平衡，也谈不上什么养生意识。从这一点来看，素食者似乎比肉食者更懂健康、更懂养生，或者说素食者关注健康、养生的人数很多。另外，从身材的差别上来看，相对于肥胖人群来说，身体偏瘦的人更可能经常运动、吃素食。这些多种因素综合在一起，提高了素食人群整体的健康水平。

再来说说动物食品。我们所吃的动物，它们在被杀时会极度的恐惧、极度的痛苦。我们可能大多数人都有过体会，当恐惧和痛苦的情绪产生时，手脚会冰凉，有时还会冒冷汗，再严重时会得病。这其实就是恐惧的情绪使体内产生了毒素，我们且不去证明毒素存在与否、毒素到底是什么化学成分，单看情绪对身体的伤害，就可以体会到情绪对我们身体的破坏力是很强的。动物和我们人类一样，在被杀之前，想要挣脱活命，产生了紧张恐惧的情绪，这种情绪已经让动物的身体处在一种不平衡的状态，毒素已经释放出来了，动物在慢慢死亡的过程中，毒素是没有机会排出去或者被化掉的，而是遍布动物全身。我们也不去研究动物死亡时产生了多少毒素，但可以推论的是，面对死亡时的恐惧情绪对动物身体产生的伤害力远比生气或被吓到时对我们人体产生的伤害力大，所以，我们人类吃了动物的肉之后，它一定是对人的身体产生危害的，日积月累就会形成疾病。

动物食品和植物食品有本质的区别，肉类食品很容易变质形成剧毒。当动物被杀之后，它们的尸体会腐烂，产生一种我们称之为"尸毒"的变性物质，而植物却不会。我们可以自己在家做个试验，在家中找个地方放块生肉，同时在旁边放一个苹果，几天后，生肉会发臭，甚至生虫，苹果不过是表面变干、变黄或是烂掉，但没有臭味，顶多有些酒精味。在肉类中尸毒会在死亡后立刻释放。我们都有生活常识，肉、鱼、蛋、奶等动物类食品有一个共同的特性，从冰箱里拿出来放到常温下保存时，很快就会腐败分解变臭。动物被屠杀后，经存放、冷藏然后运送到肉店，再被人买回家，再存放，等煮来吃时，可以想象一下，这一餐已经腐坏到了什么程度。肉类腐坏会产生大量的细菌，不要以为高温煮熟了就可以全部消灭它们。肉中的病毒很多在高温、高压、低温、X光或紫外线处理后依然可以存活。

另外，相比老虎、狮子这些纯肉食动物，人类消化系统的结构先天就不适合用来消化肉类。肉类本身就是不好消化的，在胃肠中通过得非常缓慢。医学研究过，大约要五天才能全部通过，而素食通过肠胃只要一天半。在肉类食物通过肠胃这个过程中，由腐肉所产生的致病物质就不断地接触消化器官、肠道部分，很快它们就受到侵蚀毒害，肠胃病也就因此而产生，这也是为什么便秘患者多数都是肉食者，素食者少。

  肉食者还面临着另一项危险，就是动物疾病的传染。人类经常会有个大病小灾的，动物也不例外，经常会感染一些疾病，尤其是那些集约化养殖场内的动物们。而这些病往往是肉商或检验员无法察觉的。举个例子，动物感冒、发烧或者有个炎症，并不在质检员检验的范围内，这些病产生的毒素无法清除掉，于是直接进入肉食者的身体里。还有，当动物身体的某一部分长了癌症或肿瘤被发现后，有病的部分被切掉了，剩余的部分也是不健康的，有些还是会被拿到市场卖掉，更糟糕的是，有的商家逃避检疫。不要认为国外的食品有多安全，美国有一个地区每天检查的动物尸体中，也有上万头患有肿瘤的牛尸体被拿到市场贩卖。我们现在的养殖状况是怎样的？人们只顾赚钱，能省则省，因此养殖环境也不容乐观，这让更多的动物患病。集约化养殖场里的动物大概没有一只是健康正常的，这个说法非常真实，并不是危言耸听，刻意夸大事实。

记　者： 您本人一定是素食者或者素食过很长时间吧，启发您做"素食惠"项目的缘由是什么？

张笑禹： 是的，我开始素食是受家里姑姑的影响，她是个素食者，素食了很多年。出于对生命的尊重和对健康的追求，我本人也开始素食，到现在也有十几年的时间。只有亲身体验了素食，才能更深刻地体会到素食对健康的益处、对生活的影响。做"素食惠"项目的缘由是什么呢？其实我们是本着一颗慈爱之心在做这个项目，希望通过素食能够让更多的人获得健康、身心愉悦、家庭美满、幸福安康。做"素食惠"也是为了提倡环保、尊重生命，"素食惠"的价值其实是服务于形体不同的生命，人类得到了益处，也能帮助更多的动物们逃脱被屠宰的命运。

其实我们是在提倡一种和谐、健康、平和的生活方式。

记　者：有很多人担心素食后会不会造成营养不良这个问题？

张笑禹：这个大可不必担心。"中国健康调查"由美国康奈尔大学、英国牛津大学和中国疾病预防控制中心联合进行，研究者都是世界最顶级的科学家，研究的内容就是吃与疾病的关系，样本涉及中国24个省69个县6500多人，取得了丰富的科研成果，它的报告叫"中国健康调查报告"，在网上可以查到，也有正式书籍出版。国际体育界有很多素食的冠军，比如超马之神斯科特·尤雷克，他的传记在国内也有中文版发行，大家可以在国内各大网络书店上买到。从中，就可回答人们对素食和营养不良关系的疑问了。

拯救动物就是拯救自己

记　者：从您的言语中可以感觉到，你们是动物保护者。

张笑禹：是的，人类和动物本来就是平等的，人类和动物共同存在于地球上，共同创造了这个和谐的环境，每个生命都有享受大自然给予的资源和环境的权利。动物和人类一样，有知觉和感受，能体验到痛苦或满足。没有人愿意遭受痛苦、虐待，动物何尝不是这样？

我们一直认为，人类为了口腹之欲虐杀动物是一件存在道德缺陷的行为。2015年，姚明在《开讲啦》的一期节目的演讲中说了一段让人印象深刻的话："我们拯救的并不是一个动物，而是我们的信心：我们是否能够拯救自己，拯救自己避免堕落。军火、毒品和野生动物制品实际上是人类自身欲望的代表，我们能不能把自己从这三种欲望中拯救出来？"爱护动物，给动物们一个平等的和谐的生存环境，其实也是在保护人类自己，对动物残忍，就是对我们自己残忍。人类虐杀动物，破坏生态平衡，进而破坏环境，直接影响到子子孙孙的生活质量。假如我们站在动物的角度去换位思考，它们并不仅仅在被屠宰时会遭受痛苦，人类为了利益，在繁殖、饲养、运输等所有的环节它们都会遭受难以想象的痛苦，他们的表达谁去真正在意了？倾听了？感受了？这些痛苦每时每刻都在发生，却很少有人认真反思过，而是当作常态不予理睬、漠不关心。我们每天很快乐地享受美食的时候，或者是穿着动物皮毛做的"漂亮"衣服的时候，可曾听到动物们的惨叫？它们被活剥了皮毛，无休止地痛苦，直至死亡……每当人类的节日来临之时，也就是动物们浩劫发生之际。在动物保护的问题上，我个人的立场是坚定的，人类总体说来还没有进入一种真正道德的境界，人类需要深刻的自我反省。这些行为产生的危害不可逆转，对地球整个生态圈的影响不可逆转，而解决这一问题最根本的方法就是姚明在公益广告中始终强调的："没有买卖，就没有杀害！"

推广素食，是倡导动物保护精神的根本方法。动物保护应当从我们每个人自己做起，降低人们对动物食品、动物制品的追捧和心理上的依赖，引导人们开始建立以素食为主的饮食结构，同时坚决反对猎捕滥杀野生动物的行为，反对伤害、虐待、遗弃、杀猎动物，反对穿毛皮服装，反对给动物造成严重伤害的动物表演，反对今天严重滥用的动物实验……在这些善行的种种坚持下，地球的整个生态环境也就能够慢慢地恢复它本来的生机。

选择了素食，就是选择了对欲望的节制，就是选择了和平，选择了对杀戮的远离，选择了吉祥。素食的精神，就是我们这个社会迫切需要的和谐、包容、节制、仁爱精神，也是"素食惠"一直以来坚持的使命。

素食 = 环保生活

记　者：您谈的动物保护面临的问题，我感同身受。

张笑禹：推广素食对动物的保护有着根本意义，对整个环境也有着深远的影响。我的合作伙伴是学环境工程专业的，一直以来都是热衷于环保事业的，接触了素食以后才发现，素食普及对环境的改善比治理环境的各种方法更有效，因为素食的普及，解决的是根源的问题。

　　过去，无论中国还是外国，人们的餐桌上一个星期有一顿肉食已经很不错了，而当今的事实是，肉类和牛奶等动物食品的消费一直在不断增长，其中美国公民消费肉类食品一直是所有国家中最高的，每人每年平均消费大概得有一百公斤以上，相当于每人每年要吃一头猪。人们从贫苦的生活过渡到富裕的生活状态，吃肉显然成为了人们生活富裕的象征。在全球人口不断增长的趋势下，肉类生产至少要跟着翻倍才能跟上全球的消费。这说明了什么？人们必须靠大量地扩大畜牧和养殖业才可以满足消费需求。这将造成更多环境资源的破坏，生态平衡将进一步被打破。很多人没有意识到，肉食消费的倍增，将对环境产生的灾难性负担超出了环境本身的负荷。其实人们大多不了解，在环境专业学上，温室气体的排放、磷的排放以及各种有害物质的排放都跟农业生产有直接关系。从环境保护的意义来讲，吃肉带来的环境破坏远远大于纯植物的农业生产，养牲畜对全球升温、对于气候的影响并不比汽车尾气带来的影响小。

　　我们来做个假设，如果地球人能转型为素食者，我们对牛、羊、猪、鸡等家禽家畜和海鲜的需求量将大幅度降低，自然就不需要为这些禽、畜、鱼类准备水源、耕地、牧场、渔场等资源，则可节省因发展畜牧养殖业而需要的大量农业土地面积、养殖用的水源面积；农药、化肥、抗生素、瘦肉精、杀虫剂等化学物的需求量大幅度降低，对生态环境污染也将大幅改善和减少。人们开始素食了，就不需要大量的集约化、工业化养殖和生产。因此，素食的推广和普及做的就是治本的事。人们的观念变了，地球的环境也就变了。

"文化+购物"的运营模式

记　者：请您谈谈"素食惠"平台的运营模式。

张笑禹："素"字有另一层含义，即添一分则嫌多、减一分则嫌少的极致之美。作为一个传播"素"文化和"素"生活的综合性商城，"素食惠"的宗旨即是传递"不多添一分，不减少一分"的生活态度，并以这种生活态度奉上"纯洁、地道、上等"的产品。我们在"素食惠"平台上，宣传地域文化，发现地域特产，追溯食材的源头，认真找寻最天然的素食食材供给消费者。而对于素食这类食品来说，每一个产品背后都有着朴实无华的外表，这些地域文化和对产品追根溯源的精神，正好组合成了一个个引人入胜的故事。有品质的食材，其原材料生长环境、成熟的过程都是吸纳了当地水土的精华，才会出现独特的味道。另外，产品的加工和进入市场的每一过程，也都是需要来自极具工匠精神的一群人付出辛劳和智慧的结果，每一个步骤都对味道和品相有着特殊的意义，缺少任何一个环节，味道会随之产生偏差，都会影响最终的结果，我们希望我们找到的每一个匠人都有一颗专业的心。所以说，每一个产品背后都有一个匠人，都有着其独特的故事和文化内容。

"素食惠"平台里，我们希望集结来自全国各地对传统工艺制作有着严格要求、精益求精的商家，他们既是有品格的匠人，也可以说都是行业内的完美主义者。我们提倡所有的产品

"取其地，采其时"，为此我们做了大量的工作，在全国各地寻找最正宗的产品，味道最佳，品质最优。比如，我们常吃的山药，种类有很多，一般老百姓对山药的认识很难专业。经过一番研究，我们常说的比较出名的怀山药是指产自河南焦作一带的山上。焦作的温县、博爱、武陟、沁阳等地属古怀庆府，其气候、地理、土质得天独厚，孕育出地道的"怀山药"。还有一个品种叫"淮山药"，有人说"淮山药"是"怀山药"的别称，其实并不是这样的，安徽、江苏等地所产的山药才是"淮山药"。而正宗的"怀山药"只能为古怀庆府所产，是焦作的"地理性标志产物"，是以地域特点命名的，任何其他地区所产的山药，品质再好也不能叫"怀山药"。一字之差，却经常被人们所混淆。这就好比武夷山的岩茶，因产茶地点不同，又分有正岩茶、半岩茶、洲茶，一岩一茶都是有讲究的，懂茶的人能够喝得出来，味道是不一样的。

我们不仅是要做产品，更要做文化。"素食惠"一直以来的定位都是以文化为导向的电商平台，也就是"文化+电商"的商业模式。这个市场定位，是我们在实践中一点一点摸索出来的。当今的时代已经处于工业发达、产品泛滥的时代，物质不再匮乏，甚至可以说已经是过剩了。我们在每一天的生活之中，不断地面临着选择，我们的更多精力被消耗在选择上。电子商务也随着互联网的发展呈爆发性增长，产品琳琅满目、数不胜数。产品太多了，对购物这件事，很多人一直是很头疼的，一在网上买东西，选择恐惧症就出现了。面对着当前信息爆炸的时代，我们每天主动或被动地被成千上万条信息轮番轰炸，到处都是广告，都是产品促销。但大多数的产品都只是做曝光，而缺少内涵，消费者很难深度地了解其品牌背后的产品究竟是怎样的，产品又具有怎样的文化特质。我们在这里不是特意要强调文化、鼓吹文化，而是因为当前产品的广告形式，要有多维度的信息传播，才可能抓住人们的眼球。消费者需要通过简单的信息，了解到产品最真实的一面、最具内涵的特点，而产生信任为之买单。产品文化的缔造，可以很好地解决这个问题。另一方面，当今这个时代，科技发达了，信息获取便捷了，物质丰富了，人们却没有获得同等的健康和快乐。我们坚持在做的是传播一种能跟人们心底产生共鸣的内容，能够让人们身心愉悦，而且对生活有益的内容。"素食惠"要成为正能量信息的一个聚集地，人们浏览我们的资讯，浏览我们传播的文化内容，就可以感受到一种力量，这种力量不仅是积极向上的，深入人们内心，更是能够直接帮到别人的。我们用正能量的信息来形成一个磁场，让这个磁场去慢慢积累放大，影响更多人。

记　　者：现在的互联网企业运营，前期大多靠资本支撑，资金充足了，企业发展会随之上到高速跑道。您怎么考虑资本的事儿？

张笑禹：目前我们投入的都是自己的资金，暂时还没有考虑到资本的事。

记　　者：自己的资金量毕竟没法跟投资机构比，在没有投资机构资金支持的状态下，你们的平台该如何运营并推向市场？

张笑禹：我举一个简单的例子来回答你这个问题。雷军刚创立小米时，曾经跟小米的联合创始人黎万强说了一句话："你能不能不花一分钱做到一百万用户？"在没有任何投放的情况下，雷军只要一个结果。结果黎万强好几天没有休息，他在不停地想方案。不给钱，还要做推广完成这样一个结果，那简直要创造奇迹嘛。不花钱怎么能拉到用户？唯一的办法就是在论坛里做口碑、做营销。重压之下，黎万强带领团队泡论坛、灌水、发广告，通过"人肉"寻找资深用户，并从中选出一百个作为超级用户，参与MIUI的设计、研发和反馈。这一百人就是MIUI最早的一批"米粉"。而当小米启动手机项目时，这一次黎万强做了个三千万元预算的营销计划，没想到方案直接就被雷军给否了。雷军说，"你做MIUI的时候没花一分钱，做手机是不是也能这样？我们能不能继续不花一分钱去打开市场？"MIUI系统，用户是不花钱就可以使用的，而手机，用户是要花钱买的。黎万强那时心里也会打个问号，不花一点广告费，就让用户来买单，真的可行吗？但是那个奇迹真的发生了，MIUI发布一年后的五十万发烧友成了小米手机硬件的种子用户，而小米手机上百万论坛活跃用户是小米手机几千万用户的原点，黎万强成功地完成了小米前期的粉丝积累。

所以不是你有钱就能做事，人是最主要的。三国时期的刘、关、张，三个人就折腾出了三足鼎立。不是说钱不重要，钱很重要，但更重要的还是人。如果没有人才的话，现在大部分互联网企业都无法这么快地发展起来，形成现在的规模。所以我们就是踏踏实实走这么一条路。我是从传统行业出来的，我的思维也很传统，我并不倾向于去选择烧投资人的钱去做企业。企业发展的速度可以慢一点，根本上要以踏踏实实的态度来做这件事，先建立企业的现金流，让企业良性运营，再一步一步谋求未来的发展。我是"70后"，已经不是空有一身理想抱负的年龄，现在的状态很务实。前面的经历这么多，已经让我很清晰，企业运营不能按理想的来做，不能按照自我的意志来做。经过一两年的运作，随着市场的发展，我们有了一些方法，制订了一些方案，这里面要有策划、运营、推广，包括广告投放、异业合作、地面推广，这些方方面面都要有的，都是公司在计划里面的事情。而企业后面的发展，就要靠格局、靠战略了，往哪个方向发展，人才架构是什么样的，财务分配是如何计划，都是企业最核心的。企业的战略被无条件地执行下去，才能实现企业的最终目标，大家才能够共享成果。

走出差异化之路

记　者：现在市场名优产品很多，也有不少公司和个人在做健康素食这个概念，在运营上您的定位是什么？"佰思源"在现阶段首先要干的是什么？

张笑禹：现在"佰思源"主要还是以素食平台为主。我们已经积累了大量的商家，其中的一部分已经入驻我们的平台，下一步我们计划组织系列的线下展会，让商家的品牌更加接地气，用户可以从展会上对品牌有一个更深刻的认知。从运营上来讲的话，线上线下是一个概念。我们没有把自身定义成一个互联网企业，我们只有企业一个属性，不定义行业属性。企业按经营方向去运营，发展中规划了哪块儿业务就做哪块。线上、线下是场景和方式，互联网扮演的是传播工具，其实线上线下都是一体的。规划线下的展会做活动，其目的也是为了带动一些传统企业，完成企业发展的最终目标。我们号召大家一起来参与做这件事，很多商家对此也是比较感兴趣的，愿意参加的。

记　者：谈到这里，就有一个钱的问题，即商户要不要来交钱的问题，商户为什么要交钱。如果是需要商户出钱的话，我们如何去说服商户？

张笑禹：这也是我们的核心问题。商户在这里面的价值是什么？要剖析商户的需求。我们始终在思考的是如何把这个平台推广出去，满足他们的需求。对于商户来说，他们要的无非是订单量和用户的黏着度。在平台推广和运营的过程中，我要始终不断地平衡各个商家的品牌曝光，给每个商家都留有品牌露出的机会，给他们带来真实的流量，带来实实在在的订单。商户跟我们合作，最主要的是看重了我们平台的资源和运营推广能力，也是看好了我们企业的未来。

在运营推广上，我们一直在思考如何打破同质化经营的问题。近几年电商企业越来越多,似乎是在瞬间爆发。继淘宝、天猫、京东之后,唯品会、聚美优品、本来生活、天天果园、美丽说、蘑菇街等各个领域的电商,都是高速成长型的企业。这些电商中,产品同质化的现象很严重,平台属性的重叠性也很明显。这些巨头之间如何在竞争中突围?他们已经占据了各个领域的核心地位,其他的新起的电商又如何生存发展壮大?这是我们企业一直以来的研究课题。这就回归到了产品的话题,做产品要做足产品的文化,那么电商平台是什么?平台既是产品,产品也是平台。我们把平台当产品来做,产品和平台看似是两个属性,其实本质是一个。"素食惠"本身具备底蕴,具备良好的文化延展性,我们把"素食惠"打造成一个"文化+购物"的整体,而不是纯粹销售产品的平台。我们始终提倡所有产品"取其地,采其时",我们只为向消费者呈上最真诚的心意。虽然对于极致的要求是永无止境的,但是我们相信,我们会用最真诚的行动,"素"造一个健康的你。这就是"素食惠"平台的文化,也是企业的基石。

给创业者的建议

记　者:最后,请谈一谈给创业者的建议或忠告。

张笑禹:创业是做一家企业,不是儿戏,准备出来创业前,要清晰地知道自己要什么,不是一拍脑门儿的事儿,特别是做决策时,需要经过几个核心人员在一起反反复复推敲后才能拍板。创业是要吃苦的,不是金钱权力驱动下的自娱自乐,即使在有融资支持下的创业也没有时间留给你享受,留给你自我陶醉。吃得苦中苦,方为人上人。能吃多大的苦,就能享受多大的福。成功的路上其实并不拥挤,只是坚持走下去的人寥寥无几。有时候就是差那么一哆嗦,扛过去了一切就都顺了,但是很多人却在那个压力下退了，前功尽弃了。所以，坚持，坚持，再坚持，但是不能盲目地坚持，要在清晰企业整体规划、清晰企业当前面临的问题和挑战的情况下坚持，这样的状态下经历了风雨才会看见彩虹。所以在当今提倡"大众创业，万众创新"的时代下，更要清醒，更要有定力。我的建议是：一旦决定创业，就要一直走下去。

图书在版编目（CIP）数据

大变局：互联网"＋"出新未来／王涛，
李兆瑞著；—北京：中央编译出版社，2016.4

ISBN 978－7－5117－2987－3

Ⅰ．①大… Ⅱ．①王… ②李… Ⅲ．①互联网络－
应用－中小企业－企业管理－研究 Ⅳ．①F276.3

中国版本图书馆 CIP 数据核字（2016）第 077361 号

大变局：互联网"＋"出新未来

出 版 人：	葛海彦
出版统筹：	刘明清
责任编辑：	杜永明
责任印制：	尹　珺
出版发行：	中央编译出版社
地　　址：	北京西城区车公庄大街乙 5 号鸿儒大厦 B 座（100044）
电　　话：	（010）52612345（总编室）　（010）52612342（编辑室）
	（010）52612316（发行部）　（010）52612317（网络销售）
	（010）52612346（馆配部）　（010）55626985（读者服务部）
传　　真：	（010）66515838
经　　销：	全国新华书店
印　　刷：	北京中兴印刷有限公司
开　　本：	787 毫米×1092 毫米　1/16
字　　数：	212 千字
印　　张：	13
版　　次：	2016 年 4 月第 1 版第 1 次印刷
定　　价：	38.00 元

网　　址：	www.cctphome.com　邮　箱：cctp@ cctphome.com
新浪微博：	@ 中央编译出版社　微　信：中央编译出版社（ID：cctphome）
淘宝店铺：	中央编译出版社直销店（http://shop108367160.taobao.com）　（010）52612349

本社常年法律顾问：北京嘉润律师事务所律师　李敬伟　问小牛
凡有印装质量问题，本社负责调换。电话：（010）55626985